我还能变好吗

自我心理学帮你好好做自己

王轶楠　编著

江苏凤凰文艺出版社
JIANGSU PHOENIX LITERATURE AND
ART PUBLISHING, LTD

图书在版编目（CIP）数据

我还能变好吗：自我心理学帮你好好做自己 / 王铁楠编著．-- 南京：江苏凤凰文艺出版社，2020.6
ISBN 978-7-5594-4628-2

Ⅰ．①我… Ⅱ．①王… Ⅲ．①心理学 - 通俗读物
Ⅳ．① B84-49

中国版本图书馆 CIP 数据核字 (2020) 第 036172 号

我还能变好吗：自我心理学帮你好好做自己

王铁楠 编著

出　　品	九志天达
责任编辑	刘洲原　白　涵
责任印制	刘　巍
出版发行	江苏凤凰文艺出版社
	南京市中央路 165 号，邮编：210009
网　　址	http://www.jswenyi.com
印　　刷	三河市金泰源印务有限公司
开　　本	880mm × 1230mm 1/32
印　　张	8.75
字　　数	156 千字
版　　次	2020 年 6 月第 1 版　2020 年 6 月第 1 次印刷
书　　号	ISBN 978 - 7 - 5594 - 4628 - 2
定　　价	48.00 元

目录

Part 02

加油吧，少年

Part 03

爱与不幸，都是成长

Part 04

我从哪里来，要到哪里去

序言：了解生活，从了解自我开始

王轶楠

这不是一本心灵鸡汤，却可以让你收获很多的成功和快乐；这里没有深奥的概念，艰深的语言，却可以让你了解经典的自我心理学理论和研究进展。这是北京师范大学自我研究组的师生历时三年，打造完成的一部贴近中国人当下心理特点的自我心理学作品。全书一共分为四个部分。

我，一个难懂的人。古希腊的智慧告诫人们：“人啊，认识你自己。”东方的古圣先贤更是强调“知人者智，自知者明”。现代心理学和科技文明的发展无不努力让人们更接近自我的真相，现代人想要活得更清晰，更自尊，更幸福，却又常常滑入自恋，膨胀和自我妨碍的深渊，而笑过、泪过、痛过之后，方知人生唯有努力自持，方不至癫狂。

我从哪里来，要到哪里去。想要真正认识一个人，最好从了解他的原生家庭开始，并不仅仅是因为自尊具有可遗传性，还因为家庭是个体获取其习惯化心理工作模式的地方。想要全面认识一个人，最好再听听他如何谈论未来，因为人既是由过去，更是由未来塑造的。

爱与不幸，都是成长。爱情是迷幻的，也容易让人迷乱，深陷其中让人容易丧失自我独立性，模糊自我与他人间的界限，第四章会告诉深陷恋爱之苦的人们如何获得一份安全型依恋的爱情。

加油吧，少年。长大不是痛苦和焦虑的根源，抗拒和拖延才是，努力战胜对未来的恐惧，学会做自己时间的主人，平衡好工作与休息的节奏，每个人都可以享受工作，享受生活。

全书近四十位作者几乎都是来自北京师范大学心理学部的“95”后青少年，他们的语言诙谐幽默，具有时代感，每一篇都既有理论深度，也有对生活敏锐的观察，正可谓是“江山代有才人出，我辈登临正少年”。

Part 01 我，一个难懂的人

我，一个难懂的人

| 张湘琳

离群索居者，不是野兽，便是神灵。

——亚里士多德

“我是谁”是一个终极命题，一场亘古的追问和探寻。从古希腊到文艺复兴时代，从德尔菲神庙镌刻的“认识你自己”到尼采喟叹“离每个人最远的，就是他自己”，从《梵高的自画像》到莫奈的《日出·印象》，从你到我，都试图清晰地定义“自我概念”。

能够清晰定义自我概念的一类人，在我们看来，大多是孤独的。当然，这种孤独是相对意义上，朋友相对较少的状态。

在心理学上，将**自我概念清晰**（self-concept clarity，SCC）定义为个体自我概念界定的清楚程度，及其内部一致性和时间稳定性程度。尼采对于自我的了解非常清晰，他在学术界的嘲笑与质疑中坚守自我，并从未怀疑自己将会名垂千古。

有研究表明，自我概念清晰有利于个体的心理健康、幸福感、人生意义感以及冲突管理，一言以蔽之，即高SCC使我快乐。另外，研究者发现，适应良好的小学生的自我概念清晰性高于适应不良好的小学生，表明社会适应是自我概念形成的一个影响因素。

但我们知道，自我概念清晰的人并非一直快乐，也并非都合时宜。尼采常提到孤独，他孤独而痛苦，孤独到在都灵大街上抱住一匹正在受马夫虐待的马的脖子，失去理智，却仍然没法不孤独。

有研究支持了这一矛盾想法的来源。研究表明，只有在与朋友相处时，高SCC者体验到的快乐感才高于低SCC者体验到的快乐感；而在与陌生人相处时，高SCC者体验到的快乐感低于低SCC者体验到的快乐感。

研究者认为，高SCC的人对“我是谁”有更严格清晰的定义，也就能够更严格清晰地定义谁是朋友、谁是陌生人，最终影响他们的幸福体验。因此孤独如尼采，才在察觉到瓦格纳不是自己的朋友时，断然与之决裂。

在不断变化的环境和多重角色中，我们不断经历着自我概念的分化和整合，这不可避免地带来生活状态的新陈代谢，带来现世生活与理想世界的冲突，带来同伴压力。当然，尼采是一个极端的个例，他作为一个德国古典哲学的反叛者，很难在当时代找到同伴。于我们而言，对一部分人的不满，或者一部分人对自己的不满，都可能成为当代少年甚至青年在探索自我时体验到的焦虑来源。

愿我们循着哲人的足迹，勇敢地清晰自我概念，这个过程中体验到的孤独、人际冲突、不合时宜，也许正是自我人格完善的信号。

"朋友啊，没有朋友！"
垂死的聪明人这样喊道；
"敌人啊，没有敌人！"
我这个活着的傻瓜这样喊。
——《人性的，太人性的》

人生或许无法做到无憾，但请尽量做到无悔。一个人时，善待自己；两个人时，善待对方。

自我心理学研究的前世与今生

沈虹伍

很久很久以前，在希腊有一座山，山里有座德尔菲神庙，庙里有个石碑上刻着“人啊，你要了解你自己”。一个叫苏格拉底的秃顶老汉望着这句话陷入了深深的思考。从此，一门将令无数后来人在学习中哭爹喊娘的学科——西方哲学，悄悄诞生了。在十万八千里外的中原，一个骑着牛的花白胡子老头在彻底归隐前，也在竹简上刻下了这么一句话：“知人者智，自知者明”。可以说，无论是东方还是西方，有关“自我”的问题都是涉及哲学形成的起源问题和终极问题。

“了解你自己”这句话看似简单，实际上是非常困难的。自1879年科学心理学脱离哲学母体成为独立学科以来，心理学家为了搞清楚人们的“自我”究竟是个啥玩意儿可谓是连吃奶的力气都使出来了。下面让我们来看看这帮人用了哪些手段来探究这个终极问题。

1.“梦里花落知多少”——精神分析学派的“玄学自我”

对于大多数人而言，提到“心理学家”这个词，脑海中往往会出现一个拿着雪茄、目光深邃、苦大仇深的男人，弗洛伊德的经典形象就是如此深入人心。这位奥地利精神病医生提出了第一个系统描述人自我结构的理论，各位看官想必耳熟能详，本人在此就不赘述了。在弗洛伊德看来，探究自我关键是要搞清楚潜意识的内容，探究手段包括：催眠、释梦、自由联想。

这些手段有多靠谱呢？从弗洛伊德的大作中我们可以略知一二。

曾有一位女士找他释梦，梦到自己出游一不小心发生事故被火车碾过……弗洛伊德立刻以一种“真相只有一个”的姿态告诉我们这象征着性交（见《梦的解析》第六章《梦的运作》）。作为一名心理学专业的孩子，笔者瞬间摸不着头脑，弗洛伊德把生育看作生本能，与死亡有关的意象看作是死本能的体现，这个死亡场景咋就跟生育挂上钩了呢？

请允许我斗胆在此用弗洛伊德的思想来分析弗洛伊德，在《梦的解析》写成的那个年代，俄国的托尔斯泰写成了一部大作《安娜·卡列尼娜》，小说的最后，被婚外情人渥伦斯基抛弃的安娜绝望地选择了卧轨自杀，也许这就是弗洛伊德灵感的来源吧（我只能帮他圆场到这了）。

总的来说，精神分析学派的思想非常博大精深。以至于古斯塔夫·荣格在其著作《心理学与文学》里都承认：“要想解释原型（自我的底层结构集体无意识的主要内容）是什么是十分困难的，每次我一谈这个就会把一半以上的听众送入梦乡。”这样的“玄学自我”理论第一次提出了很多有意义的问题，比如自我的结构是怎样的，自我是否包含一个无意识的部分（这个以后还会提到）。不过他们给出的回答实在不能让人满意。他们采用的个案法（限制推广）和不可证伪（更难以用实验证实），让人们在对这一套理论对心理学的价值做出最高评价时不得不多打几个问号。

2.“一二三四五六七”——自己给自己打分的时代

当弗洛伊德和其学派在欧洲叱咤风云之时，大洋彼岸的美国人却在实用主义的思潮下搞起了心理学科学化的重要工作。在他们看来，听弗洛伊德老爷爷给你梦中说梦明显是不靠谱的，真正的科学心理学应该建立在数理统计和严格实验基础之上。那么问题来了，我们怎么测查人的心理特质呢？这帮美国人相信世上没有谁比你更了解自己了，于是自陈量表的年代就来临了。这个方法要求受试者根据自己的感受与看法回答一系列与心理状态有关的问题，研究者根据这些回答来判断受试者的态度倾向。

当前最常见的自陈量表就是李克特量表，各位看官想必见过不少。这种工具的特点是要求受测者对每一个与态度有关的陈述语句表明他同意或不同意的程度。例如，“你是一个有能力的人，你在多大程度上认可这句话？请打分（1-非常不同意，7-非常同意）”。在多点量表中最常见的是语义分析量表，运用语义分析量表展开语义分析是奥斯古德等人发展的一种态度测量技术，它根据某个词或者概念设计出一系列双向形容词量表（比如最简单的“好”对“坏”），请受测者根据对它们的感受理解在量表上选定相应的位置。

这样的方法实施简便，灵敏度高，可以团体进行，可以测查的内容广泛，适合大众化的态度测评。可以说它让人们进入了一个可以相对科学地研究自我的年代。不过心理学家自这个方法诞生开始就发现了很多问题。

首先，在数据分析上，多点量表是怎样的一种量表呢？很多心理学家出于各种原因（主要是为了研究简便的需要）认为这是一种等距量表。啥意思呢？就是他们认为在面对一个对你个人特质的陈述时，各个点之间，比如说“无所谓/不知道”和“有点同意”，

“有点同意”和“很同意”之间相差的“同意程度”是一样的。这个说法严格来说是不成立的。各点只能代表一种相对的大小关系，你只能说同意程度上“很同意”比“有点同意”高，“有点同意”比“无所谓”高，说它们之间差得一样是不严谨的。因此很多时候这些量表又被称为“准等距（quasi-interval）量表”。关于这个问题的争论自多点量表诞生以来就开始了，直到今天这个争论还没有停息的迹象。

此外，填量表的人是否会据实回答也是一大问题。当题目问我们有没有干过什么社会所认为的“不好”的事情时，或题目问我们是否有被社会认为“不良”的品质时，社会赞许性往往会让我们回答不实。毕竟让人们承认自己是个“不好”的人是非常困难的。除了社会赞许性外人们很多时候还对自己有错误的认知。没有自知之明的人也是很常见的，比如效颦的东施觉得自己美美的，或者一个天天就知道在宿舍打游戏的大学生对自己前途的“迷之自信”都告诉我们，人要全面正确地认识自己几乎是不可能的。除了上述两个因素外，有的时候，如果量表的题目太多了，评定者还会倾向于选择固定位点（如中间点），造成量表信度和效度降低。

3. “柳暗花明又一村”——内隐自我研究的兴起

心理学家们在研究了大半个世纪的自我后，逐渐靠近了自我的无意识层面。

1995年，格林沃尔德（Greenwald）等人开创性地提出了内隐社会认知这一概念，自尊就包含在其中。在人的脑袋中存在一种意识不到的，自动化加工的针对自我的加工过程。虽然心理学家很早就承认了无意识过程的存在，但如何测量它这个问题却迟迟得不到一个满意的答案。与外显自尊的不同在于，内隐自尊具有无意识、自动化等特征，很难通过传统的自陈量表来测量，只有依赖于间接测量的方法。

在20世纪很长一段时间内，心理学家只能通过投射测验（如乱泼墨水然后对图案进行解释的罗夏墨迹测验）、催眠来对这种无意识过程进行研究。这种方法信效度低，受研究者主观影响大，不同研究者即使经过了相关训练，对同一个被试的反应解释也往往是不同的。

过去二十年社会认知心理学研究中最令人关注的莫过于用各种新的内隐态度测量方法来研究人的自尊。大量的研究不仅揭示了内隐态度的发生、发展、改变过程和影响因素，还催生了新的态度理论模型，如可以对自尊成分进行解释的双重态度模型等。

内隐态度的测量方法主要有内隐联想测验（Implicit Association Test，IAT）及其变式、启动范式等方法。IAT是一种计算机化的辨别分类任务，以反应时为指标，通过对目标词和属性词间自动化联系的评估对个体的内隐态度进行测量。它依据的原理是生理上的神经网络模型。该模型认为信息被储存在一系列按照语义关系分层组织起来的神经节点上，因此可以通过测量概念在此类神经联系上的距离来测查两者的联系。

简单来说，就是在你的脑子里以“我”“别人”这些概念为中心，一系列词汇，如“善”“恶”“美”“丑”被组织了起来。

大量的研究发现，人们广泛存在一种内隐自尊效应，具体表现为，个体倾向于将自我与积极情感和评价相联，将他人与消极情感和评价相联。也就是说，“好”的词与“我”的语义联结更强，而“坏”的词与“他人”的联结更强。看来人们内心深处普遍都有“王婆卖瓜”的心态呢。内隐自尊的测量方法还有一大优点是它经常可以和脑成像、脑电技术结合起来探究人脑在加工自我时的极为精细的时间过程和脑区位置。

内隐自尊和外显自尊的关系是怎样的呢？很多研究发现两者的相关程度很低，许多看起来自我感觉良好的人可能反倒有一个消极的自我观。与深思熟虑的外显自尊不同，内隐自尊似乎更多地建立在一种直觉的联结上。两种信息加工模式的不同造成了两者的分离。总的来讲，当前对于自尊的成分为什么是这样的，它们的机制是什么，这些问题心理学家依旧还在探索之中。如从当前的理论来看，现有的多重记忆系统模型虽能解释内隐和外显态度在记忆存储与提取上的机制差别，但却无法阐释二者语义表征带有的心理理论特性以及二者的认知控制过程。它们之间联系与区别的脑机制还有待进一步发掘。

4. 探索“自我”的漫漫长路

自从人类摆脱蒙昧走向文明以来，人对自我的探究就从没停止过。自宗教诞生以来，神学家们将人类获得“自我”看作一种“原罪”，亚当和夏娃因为吃了金苹果看得清自己了而被上帝逐出伊甸园。自哲学出现以来，有的哲学家主张通过“齐物”（把自己看得和世间别的东西没有什么不同）达到“无我之境”“物我两忘”来“羽化登仙”，有的则靠逻辑思辨手段进行了很多有益的分析（如斯宾诺沙）。

而在过去100多年里，心理学家则将自我解构为很多个方面并想方设法地进行尽量精确的测量，到了今天他们已经可以说自我这玩意与大脑内侧前额叶皮层很有关系了。我们正比以往所有人更靠近关于自我的真理的中心，但我们所不知道的东西也超过了过去所有未知的总和。在探究自我的科学道路上，保持一个较低的自尊，做一个谦卑一些的人也许有利于我们发现更多的东西。

自尊是种礼貌，自恋是种骄傲

喻沛诗

每日三省吾身：

又吃多了吗？

又自恋了吗？

别人叫我“帅哥”又无耻地答应了吗？

1. 自恋与自尊不同

不管是公众还是心理学界，通常认为自恋就是一种过度的自尊。很多心理学家将自恋标记为“一种夸大的高自尊”“过于膨胀的自尊”或“防御性高自尊”。这种说法来源于早期的精神分析，它认为两个术语——自恋和高自尊是可以互换的。

但我们认为这个观点是有问题的，有一系列的实证研究证明，自恋和自尊在四个方面是不同的：它们的表现形式、它们造成的影响、它们的发展过程以及它们的起源。自恋和自尊最明显的界线在于二者带给个体的社会化经验的差异，即二者对他人的看法。

2. 要自尊，不要自恋

“我喜欢上了一个人。”

“她一定很漂亮吧？”

“你太自恋了。”

首先是二者的表现形式的差异。除开自恋型人格障碍这种极端形式，自恋实际上是一种亚临床的人格特质。自恋者（通常认为是那些在自恋量表上得分高的人）会觉得自己高人一等，认为自己应该享有特权，同时也渴望他人的尊敬和赞美。他们确信如果是他们来管理这个世界，这个世界就会变得更好。而高自尊者会对他们自身很满意却不会觉得比他人更优越。所以，虽然二者都对自我有着很高的评价，但是却有着本质上的不同——自恋者对自我不满意，但仍然认为自己比他人好；高自尊者对自我很满意，却不会认为自己比他人优秀。

另一个方面是二者的影响不同。自恋者和高自尊者的差异通常出现在社交方面，自恋者不会强烈地想要和他人建立深度的、亲密的联结，他们会更努力地去超越他人，去控制他人或利用他人来获得社会地位，并且在他们得不到想要的尊敬和赞美的时候会觉得自己糟透了，然后他们会把“自己很糟”这个想法变为“别人很糟”，将他们对自己的愤怒发泄给别人。而高自尊者不会想要去超越、控制他人或利用他人来获得自身的利益，他们更想要建立深度的、亲密的联结，他们也不会经常性地爆发，也更少地出现违法行为。

第三点是二者的发展过程不同。自恋和自尊感最早在人1~7岁左右出现，二者虽然是同时出现的，但是在它们的发展过程中差别很大。自恋在青春期达到最高峰，在成年期时就会逐渐下降，而自尊感则相反，它会在青春期达到最低点，在成年期时会逐渐上升。在整个生命过程中，二者都是反向波动的。

因此，不要自恋、自大、自负。只有自尊才能支撑自由的精神、自主的工作、自在的生活。

3. 自恋的人不会失恋

最后的一个差异是二者的起源。虽然自恋和自尊都会有中等程度的遗传特性，但是它们是成长过程中差异很大的社会化经验塑造成的。最近的一项追踪研究表明，自恋的成因是父母过高的评价，即父母认为自己的孩子是一个应该享有特权的独特的个体。过高评价会高估孩子的知识、智力，对孩子的行为表现出过度的赞美，这样孩子会形成一个信念，就是自己是一个更优秀的个体——而这个信念就是自恋的核心。

而高自尊的成因是父母的温暖，即父母以喜爱和欣赏的态度对待孩子。父母向孩子表达他们的喜爱，和孩子分享积极情绪，培养孩子“自己很重要”这个感觉，这样孩子会形成一个信念就是，自己是一个有价值的个体——这个信念就是自尊感的核心。

总之，自恋就是认为“我是比别人都更优秀的”（和他人是垂直关系），而自尊就是认为“我是有价值的”（和他人是平行关系）。

只要自我增强，不要自我膨胀

| 张文钰

1. 这就是自我增强

前段时间，我的同学沉迷某恋爱游戏，每天抱着手机上蹿下跳，声称自己是男主角的老婆，脸上洋溢着幸福的笑容，仿佛真的恋爱了一样，让我一度以为这是一个代入感特别强的恋爱游戏。

直到我看见了好事者对女主的扒皮。

简单来说就是：吓得我赶紧转给舍友，快看啊，女主是有钱人家的大小姐，跟你能一样吗，快别做梦了，别充钱了，那都不是你老公！那是学霸校花的老公啊，你这是在为别人作嫁衣啊！

我本以为她会幡然醒悟，然后怒删游戏，没想到她大喊道："对啊，这不就是我吗！"

回想起历史上那些面向男性的恋爱游戏，男主角大多拥有敬业的刘海，永远不会露出脸；或者人设十分废柴，缺点一大堆，但是就是有一群妹子倒追。

当年的游戏开发商，为了增加玩家的代入感，可以说是煞费苦心，努力把主角设定得没特色或者是特别废柴，生怕别人玩着玩着就心生悲痛，产生这种感觉。而在女主被“扒皮”之后，的确有玩家也嚷嚷着要脱粉，表示代入感全无，看满级女主角和四个男人谈恋爱，和看天书有什么区别，还不如去看底层女主逆袭俘获男总裁的故事。

当然也有很多内心坚强如我同学的玩家，坚称女主就是自己，游戏里那些都是她们的老公，她们跟别的玩家不一样。像这种内心没数地认为自己很优秀、比别人更特别的倾向，在心理学上可以被称为“自我增强”。

2. 为什么很多人有自我增强的倾向呢

自我增强（self-enhancement）是指，人们会选择性地关注、强调或夸大自己的某些方面，从而对自己做出积极的评价，其中最为知名的就是比平均好效应（Better-Than-Average），也就是会有超过50%的人认为，自己的某种能力高于平均值，大家都觉得自己很特别，有异于常人的优点，于是就形成了通货膨胀。

为什么很多人都有自我增强的倾向呢，心理学家从三个角度给出了解释：

◇ **因为要满足心理需求。**通过把别人比下去，可以让人自我感觉良好，提升了价值感和自尊。这是一种适用于大多数人的理论，因为保持对自己积极的态度，可以给人们提供各种生活动力。

◇ **因为缺乏自我认识。**这些人在面对自己的真实条件时，心里没数，无法正确认识自己，所以就十分膨胀，这个理论更适用于一些能力很差的人，他们很难意识到，自己真的没有他们所想的那样优秀。

◇ **因为对比的群体不同。**没有人能够知道所有人的真实水平，人们对于自己的评估，很大程度上，是建立在自己所见过的群体之上的，如果这个群体和社会的大群体之间差异比较大，那么一个人就容易错误地评价自己。拓宽眼界，天天和学霸学神待在一起，就很难膨胀起来了，那就会总感觉自己是个咸鱼。

3. 只要自我增强，不要自我膨胀

关于自我增强，对一个人的心理适应性到底是好是坏，其实心理学上也没有定论。

认为自我增强倾向不好的心理学家表示：膨胀后的人们，可能会给自己设置高不可攀的目标，所以更容易失败，也就更不快乐；或者是觉得自己已经很厉害了，就安心地躺在原地，失去了提升自我的机会；还有的人可能会各种自大、吹牛、看不起其他人，搞得大家都很讨厌他。

当然也有认为自我增强倾向有好处的心理学家表示，因为自我增强能提升人们的价值感、自尊心和积极感受，所以可以让人更积极、更幸福，抗压能力也会更好。也就是说，如果一个人的自我增强并没有破坏他的成就动机，也并没有促使他去伤害别人的话，那么他就有很大的可能从中获益。

所以说呢，只要自我增强，不要自我膨胀！给自己加点自信，找点意义感，不要整天活在大佬们的阴影之下，相信自己也很棒，是小仙女，配得上老李老白老周老许，气也顺了内分泌也规律了，皮肤细腻有光泽，整个人都可以变得越来越好。

权力依存性自尊：从乔布斯看权威型与自恋型领导力背后的机制

徐健捷　王轶楠

1. 从乔布斯谈起

乔布斯已经离开我们好多年了，但关于他的讨论，一直没有停止过。而且，每当新款iPhone推出的时候，都会出现一股怀念乔布斯的热潮。

坚毅，执着，果敢，聪明过人——乔布斯拥有过人的聪明与才华。他一生几经坎坷，跌宕起伏，依然屹立不倒，傲视群雄，他用行动诠释了海明威的名言“一个人可以被毁灭，但不能被打倒”。短短十年内，他就将苹果从自家车库里的小作坊，发展为雇员超过四千名、价值超过二十亿美元的大公司。然而，却在事业巅峰时被自己创立的公司扫地出门。后来，又在一年中失去二亿五千万美元！遭遇几近毁灭性打击的他，十二年后卷土重来，重新主宰了苹果公司，并将其带上前所未有的高度。

偏执、暴躁、疑心重、独裁——在下属的眼里，乔布斯并不是一个“好老板”。一提起乔布斯，恐怕苹果公司的一些员工多少有点胆战心惊，甚或不敢和他同乘电梯，唯恐电梯未坐完就被炒鱿鱼。

心理学家认为，乔布斯的领导风格可以归入权威型领导力之列，即以自我为中心，要求每个成员遵从他的信念，执行他的命令，从而保证组织高效率地运转。权威型领导力高的人对于权力感和控制感拥有极端的渴望，一旦他人敢挑衅他们的权威与地位，便会引起领导者的心理和行为的剧烈反应。

2. 权力——人人渴望拥有

心理学将“权力”定义为：“个体影响他人的能力，它建立在个体对有价值资源的控制和实施奖惩的能力基础之上。”它既可以被看作一个结构变量，即认为权力是基于一定社会事实或社会地位而存在的；也可以被看作社会关系的一种属性。

由于拥有权力会让个体产生一种被授权感，一种维持等级制度的渴望，以及更多的实现自我真实想法的机会。比如，2013年发表在*Psychological Science*（《心理科学》）上的一篇研究便揭示，权力感会通过提升个体的自我真实性，增加其幸福感。而对于中国人来说，权力不仅会通过提升个体自我真实性，还会通过改善其人际关系，最终，改善其生活满意度。

衡量一个人的价值就看他拥有权力时的所作所为。

——柏拉图

3. 权力依存性自尊

政治心理学先驱拉斯韦尔在《权力与人格》一书的开篇，曾经引用英国讽刺作家萨缪尔·巴特勒的箴言："权力的芳香沁入大脑，让人轻率、傲慢和自负。"在拉斯韦尔看来，权力与人格之间相互作用、彼此建构，存在一种"暗示的互换"。权力可以改变人格，人格也总是能够深刻地塑造于权力的施行。权力依存性自尊便是针对权力与人格关系的一种诠释。

"依存性自尊"指的是个体的自我价值建立在社会赞许、外表、能力或某种标准和期望基础之上。自我决定理论认为，人们应当追求"真实自尊"，而非"依存性自尊"，这样个体的基本心理需要才会得到满足，获得持续不断的内部动机，有利于个体的自我整合和幸福感的增加。2001年，Crocker和Wolfe首次将依存性自我价值感划分为七个具体领域：他人认可、外表、上帝之爱、家庭支持、学业成就、竞争、美德。除此之外，也有研究者特别关注单一领域的依存性自尊，如关系依存性自尊和学业依存性自我价值。

已有大量研究结果表明，依存性自尊高的个体会更多地体验到焦虑、压力等消极情绪，在面临威胁其自尊水平的事件时会采取过分防御的策略如自我设障、拖延或愤怒、敌意等，不利于个体的行为表现以及发展，同时也可能给他人带来伤害。

北京师范大学心理学部的王轶楠博士于2018年首次提出“权力依存性自尊”（Power Contingent Self-esteem，PCSE）的概念，意指个体的自我评价随其自身权力感的得失而产生较大幅度的波动，对于权力依存性自尊高的个体来说，当权力感高时，他们的自尊便会急剧升高，觉得自己特别有价值，相反，如果其权力感降低，其自尊水平又会剧烈下降，觉得自己一无是处。

《权力依存性自尊量表》

请判断，以下描述在多大程度上能够描述你的性格特征：1=完全不符合，2=有点符合，3=有些符合，4=比较符合，5=相当符合，6=完全符合。

1 当别人不听我的安排时，我的自我感觉会变差；

2 当我的想法对别人没有影响时，我的自我感觉会变差；

3 当别人不重视我的观点时，我的自我感觉会变差；

4 当我的观点被他人忽视时，我的自我感觉会变差；

5 当我的决定影响不了他人时，我的自我感觉会变差；

6 即使别人不听我的安排，我的自我价值感也不受影响；

7 即使别人不在乎我的想法，我的自我价值感也没变化；

8 即使别人忽视我的观点，我的自我价值感也不会受损；

9 即便别人完全不听我的，我的自我感觉也不会变坏；

10 即便我的观点对别人无足轻重，我的自我价值感也不会变坏。

总分=（1至5题）+35-（6至10题）

分数越高，代表一个人的权力依存性自尊水平越高，其自尊水平越容易因为受到个人权力感的影响而产生上下波动。

在成熟的人身上，我们可以看到一系列特有的态度：成熟的人能够创造性地发挥自己的力量；成熟的人只想得到他自己为之付出劳动的果实；成熟的人放弃了全知全能的自恋幻想；成熟的人取得了一种以自己的内在力量为基础的谦恭。而这种内在力量只能由真正创造性的活动所给予。

——弗洛姆《爱的艺术》

4. 最后的道别揭示人生的真相

中年后的乔布斯变了许多，号称不做慈善的他开始捐款给红十字会；他每年邀请养父母乘坐公主号邮轮穿越巴拿马运河，因为那条航线有着“爸爸年轻时的记忆”。

人们惊奇地发现乔布斯变了——几次重挫使他变得谦逊了，孩子们的出生使他变得温和了，年龄的增长和职场的博弈使他变得成熟了，自我超越使他变得更加圆融了。他成为一个虔诚的佛教徒，当他说“我愿意把我所有的科技，去换取和苏格拉底相处的一个下午”时，世人就已经看到一个别样的、更懂得生活真谛的、当然也更具领导魅力的乔布斯了。

2011年，在乔布斯弥留之际，所有的亲人都陪伴在他的身边，乔布斯久久地凝视自己的孩子，就好像目光无法从他们身上转移开一样。他和亲人们道别，告诉他们自己因无法和他们一同慢慢变老而感到悲恸，并告诉他们自己将去一个更好的地方。在乔布斯临终前，他是被爱所包围的。

如果上天能再给乔布斯多一点时间，或许他能够构建出一个更好的自己吧。

自我挫败：成功的绊脚石

邓尚书

1. 一种怎样的体验

试想这样一种情况，一位同学在面临着晚交作业就会扣分，而依然无动于衷地不能提高行动效率，最终导致晚交作业。在这件事情中，晚交作业的后果是已知的，并且显然对自身有害，那么为什么个体依旧会做出这些伤害自己的行为呢？究竟是一种什么作死的心态呢？

这听起来像是弗洛伊德所说的朝向毁灭与破坏的死本能，但日常生活中确实存在着许多不自觉中或者甚至明知后果有害的情况下，个体也要做出一些有损于自己利益的行为的现象。比如，在强烈的罪恶感的情况下通过伤害自己希望获得原谅，或者物质滥用如酗酒吸烟成瘾者在明知其有害身体健康的情况下依旧控制不住地继续，以及在通往成功的道路上有意或无意地设置障碍的自我阻抑行为等。

2. 自我挫败行为的本质

这些都属于自我挫败行为（Self-defeating behavior），是指有意地对自我及自我的目标有明确或可能的负面影响的行为。定义中强调意向性（intentionality）的作用，鲍迈斯特（Baumeister）等人回顾了以往有关自我挫败行为的研究文献，提出依据意向性的不同程度而分出的三种类型的自我挫败行为：

伤害被预见且被期望，即最原始的自我挫败行为。

伤害被预见但不被期望，在两个不相容的目标中权衡选择牺牲一个目标受到伤害而获得另外一个目标的利益。

伤害不被预见且不被期望，个体并不想受到伤害但却因判断错误等而选择了适得其反的方法。

3. 有意伤害自己

这种预见有伤害并且也期望着伤害的自我挫败行为包含着一种

强烈的对自己的消极态度，并且在消极情绪如罪恶内疚、焦虑感或者较高的自我意识下得到进一步的强化，此时个体可能通过伤害自己的方式来逃避被自己厌恶的自己。

“尽管如此，我视这些折磨几近一种享受，好长一段时间，我冷漠而盲目地踽踽独行；我的心沉默、怯懦地退缩在角落；种种恐惧、可憎的感觉反倒安慰了我……但是，我深深感到悲哀，我生活在毁灭性的放纵当中。”

这样的说法看上去有点不可思议，似乎不太可能出现在非临床群体中，研究发现低自尊的群体在成功之后而不是失败后，会有更低的追求任务的动机，推测可能是为了不愿意在其他测试中威胁到已有的成功反馈，或者相比于培养优点更倾向于弥补缺点。但这些情况并不能支持原先所定义的个体有意渴求伤害，也没有发现通过故意地表现更差试图失败来继续维持对自己的较低的看法。

值得一提的是，当未来将要受苦的期望被确定后，此时个体选择去受苦受伤害的可能性反而会更高，作为一种应对受苦期望的方式，或者坚信世界公正而认为此时受苦可以减少将来的受苦。但这些都并不支持定义中行为的主要目标就是为了伤害自己。

4. 左右权衡

除了故意伤害自己之外，更常见的情况是同时存在两个不相容的目标，个体选择牺牲一个而追求另一个目标，此时为了得到该利益的代价就是伤害自己。在自我阻抑行为中，个体牺牲掉成功的可能性来换取一些自我认知上的利益，如失败的原因并不是因为自己不聪明或者能力不足，而是因为一些障碍，虽然这些障碍可能正是自己设置的。自己损害自己成功可能性的自我阻抑行为，常出现在个体本身预期到将要失败却又面临严重的他人对自己成功的期望和评价威胁时，此时个体用自我阻抑来应付。

在这种权衡式的自我挫败行为中，通常个体选择牺牲的目标是延迟的在未来的或者并不确定的，而想要追求的目标通常是当下短时期内的目标。这种付出长期的代价来获取即时利益的自我挫败行为，比如物质滥用，这些个体在使用某些物质的过程中能即时地感受到愉悦感，能够降低自我意识，暂时忘掉一些烦恼，尽管从长期来看自身会为此付出惨烈的代价，或是身体疾病或是社会功能的损坏。这种将来某个目标在当下被感知到的价值随着时间的延迟而降低的现象被称作时间贴现，通过fMRI技术发现即时或延迟奖励下存在着不同的神经机制，当被试选择更长期的选项时，大脑额叶和顶叶的活动会相对更大。

5. 究竟该怎么做

当我们意识到自己可能正在从事着一些不利于或者损害自身的行为时，可以考虑一下自己为何做出这些伤害自己的行为，以及通过这些代价所想要得到的是什么，是维持自己的自尊免于威胁，还是压力过大以至于造成短时内个体无法面对的厌恶感等情绪，都会促使个体只能选择当下短时的释然而忽略了长期的可能有害后果。

方向，在脆弱的平衡中寻找

| 安滢

1. 真实的你

J女士在和最好的朋友在一起时，总是大大咧咧的，一副女汉子模样，而到了喜欢的人面前，她就变得难得的安静，一副淑女模样。

K男士在工作中一丝不苟，独立而理智，但他一到家，却是凡事都听老婆的，变得依赖性极强。

你是否也和J、K二人有着相似的“症状”，在面对不同的情境时，会表现出截然不同的性格？到底哪一个才是真实的你呢？

2. 角色理论

社会学家乔治·赫伯特·米德（George Herbert Mead）是符号互动理论（Symbolic Interactionism）的创始人，他倾向于从心理学角度研究社会现象。符号互动理论关注社会互动的过程，认为“个人行为”并不能仅由一个人完成，而是发生于整个社会群体行为和活动中。Mead进一步指出，在与不同的群体互动时，我们会表现出不同的自我，即不同的角色。例如，在学校与老师交流时，我们的角色是学生，在家中与父母谈心时，我们的角色则是儿女。

人类学家拉尔夫·林顿（RalphLinton）进一步阐明了角色的定义，他讲道：“社会是一个由各种各样的相互联系的位置或地位组成的网络，其中个体在这个系统中扮演着各自的角色。对于每一种、每一群、每一类地位，都能区分出各种不同的有关如何承担义务的期望。因此，社会组织最终是由各种不同地位和期望的网络组成的。”

社会对于不同的角色会有不同的期望。例如，K男士是一名经理，因此他被要求做到果断而理智，而他同时又是一名丈夫，他被家庭期待为一个体贴、富有情感的男人。正是有了不同的社会期望，我们才会在不同的情境下表现出截然不同的性格与行为。

3. 角色冲突

在生活中，我们需要与各种各样的人交往，也会同时隶属多个群体。因此我们每个人在社会中扮演的角色远不止一种，而我们又是如何区分这些不同的角色呢？阿什福思（Ashforth）、克莱纳（Kreiner）和福盖特（Fugate）指出，个体会在各个角色之间建立虚拟的界限以帮助自己专注于当下所扮演的角色，简化并支配环境。从物理上来说，这些界限不是真实存在的，但人们能在心理上感知到它。例如，人们会划分“家”“工作”“教会”等不同社会领域，并且大多数人都认同这种划分方式。界限的存在可以帮助我们区分各个角色的行为模式，但同时，它也增大了我们角色转换的难度。

当两个角色差异过大时，它们之间就会形成灵活性低且渗透性低的界限，而这种界限的存在反过来会使得两个角色之间的差异持续增大。由于两种角色几乎没有重合部分，在转换时就需要更多的时间与精力，同时也会更依赖于情境特征。例如，当我们从工作角色转换为家庭角色时，会进行一系列行为：出工作场合——行驶在回家的路上——进入家门——换上家居服等，在这一过程中，走过的街景、换上的家居服都是激活我们家庭角色的信号。

适当程度的界限会使得角色转换变得容易，但如果界限太过模糊，就可能导致角色冲突。那些选择在家办公的人，往往会对自己的角色感到困惑，不知道何时该扮演何种角色。同时，角色之间很容易互相干扰，使得他们无法专注于当前角色。例如，一位在家办公的作家还没有写完文章就要去为孩子准备午饭。角色冲突发展到一定程度会严重影响我们的家庭与工作，导致生理、心理以及人际交往方面的问题。

4. 多元统一

米德（Mead）认为，我们根据情境来扮演不同的角色，展现不同的性格和行为，是自我社会化的体现。这并不是一种病态，你所表现出来的每个你其实都是真实的你的一部分。米德（Mead）同时提出了一个更上位的概念——**元自我**（Meta-self），他指出，虽然个体在社会中会扮演不同的角色、表现出不同的行为模式，但每个人仍有统一自我的倾向。我们会在某些时刻体会到一定程度上的分裂（Dissociation），但在大多数时候，我们都是在以一个完整的自我与他人互动。所有社会角色的感知觉、记忆、思维和情感构成了这个完整的我。

当人们无法整合、形成统一的自我时，就容易引发心理问题。解离型人格障碍（Dissociative identity disorder，DID）就可以看作一种极端的角色分离。解离型人格障碍（DID）就是我们所说的多重人格，根据《心理障碍诊断与统计手册》（DSM-IV）的诊断标准，DID患者存在至少两种人格，且各个人格之间独立自主，在特定时间内占主体。日本小说《第十三种人格》中曾这样描述道："患多重人格障碍的人，对往事的记忆，往往是由各个人格分担的。一个人格记住的东西，只是这个人的人生的一个部分，一个断面。当然，各个人格共同记住的东西也是有的。"

被诊断为DID的人并不能共享、整合每个人格的感知觉、记忆、思维和情感，因此各个角色之间是互相分离的。同时，DID患者分离角色的目的也不是为了实现自我社会化，而是往往以此来压抑记忆、逃避痛苦。在纪实传记《24个比利》中，拥有多重人格的比利这样说道："当悲伤太多的时候，一个人已经无法承受，我就把投注在一个人身上的所有煎熬分别来接受。"

5. 写在最后

在不同情境下表现出不同的性格其实是社会适应的一种表现，它不是虚伪，更不是病态。不同角色表现的你，都是真实的你，它们其实是统一的记忆、情感以及价值观，它们的整合组成了一个完整的你。

愿每个人都能接受自己的每一面，拥抱真实而完整的自己。

自我同情：苔花如米小，也学牡丹开

| 王轶楠

1. 从《苔》到自我同情

苔

清 袁枚

白日不到处，青春恰自来。

苔花如米小，也学牡丹开。

《苔》是清代诗人袁枚创作的一首诗歌。苔藓自是微小的植物，多寄生于阴暗潮湿、阳光照不到的地方，可它也有自己的生命本能和生活意向，并不会因为环境恶劣而丧失生发的勇气。

在综艺节目《经典永流传》中，来自贵州山区的乡村老师梁俊，带着他的一群孩子登台演唱了一首《苔》，梁俊老师用这一首歌鼓励孩子们，不能够妄自菲薄，虽然大家是贫困山区的孩子，但是内心不能没有梦想！

孩子们如山泉般纯净的声音一出来，就感动了评委、现场观众，乃至亿万听友，当一群孩子登上舞台，和弹着吉他的老师一起唱歌的时候，幕布上出现了梵高的《星空》……

《星空》是梵高进入精神病院后所创作的著名作品。后世画评多数认为其中蓝色的基调是悲伤、恐惧的情绪，粗糙的笔触则是忧愁，画面中如地狱业火般的黑色柏树为梵高躁动不安的灵魂，它毫不留情地贯穿夜空，仿佛要破坏这宁静的世界。

但若从另一角度观察，便能发现这幅画并不仅有负面情感。梵高的精神建构了画中的一切，患有精神分裂症的灵魂如同画中被蚕食的月亮，而高挂夜空的十一颗星星是他分裂出的自我。受混沌夜空侵扰的同时，漆黑的城镇和柏树就像那深渊和冥府之火，欲将已不甚宁静的世界拉入黑暗。即便如此，星星和月亮依然努力地闪耀自己的光芒，映照着现实世界的梵高燃烧自己的生命能量、反抗他心里的黑暗，努力奋斗不被自身错乱的精神吞噬。

诚然，生活中，痛苦时刻存在且很难避免。面对痛苦，有些人能很好地摆脱出来，但有些人却不能，甚至产生消极的自我评价，反复纠结于负面想法和情绪，导致痛苦加剧与扩大，进而给身心健康、工作与生活带来消极影响。近年来的心理学研究表明，自我同情会帮助个体克服痛苦和提升身心健康水平。

2. 自我同情是什么

在借鉴东方佛教慈悲思想、西方人本主义以及现代情绪应对理论的基础上，内夫（Neff）提出了自我同情（self-compassion）这个概念，意指个体对自己的痛苦和失败不予回避，而是用开放宽容的态度加以感受，并给予无偏见的理解。

3. 自我同情不是什么

自我同情不是自我中心。许多心理学理论假设人生来就是自私的，对自己的关注多于对他人的关注。但普遍经验表明，人们通常对待自己更为严格和挑剔。这种对自己的挑剔可能源于对自私、任性或自我中心的恐惧。自我同情促进了对他人同情的感受，将自己的经历看作普遍的人类经历，承认不幸、失败和不足是人类的一部分，并且所有人——包括自己都值得同情，不必通过自己与他人之间的比较来强化或保护自尊，从而避免了以自我为中心。

自我同情不是自我纵容。自我同情并不表示对自己的弱点妥协或无为，而是鼓励自己在必要的地方做出改变，并纠正行为有害或无益的方面。相反，缺乏自我同情更可能导致无为。

自我同情不是自我怜悯。当个体感到自怜时，通常会觉得自己与他人高度隔离，变得全神贯注于自己的问题而忘了其他人正经历着类似（或更糟）的困难。个体因为这种感受而不能自制，也夸大了个人痛苦的程度。自我同情则相反，要求个体致力于认知之外的活动，让个人重新认识自己和他人相关的经历。自我同情抑制了孤立的以自我为中心的感觉，增加了人际相互联系感。

4. 自我同情的积极作用

促进情绪调节。情绪调节是指关注自己的情绪，控制情绪唤起的强度和持续时间，并在面对压力和痛苦时，设法改变负面的情感状态。在很多方面，自我同情都类似于一种有效的情绪取向的应对策略。自我同情同样需要维持对情绪的注意，用宽容和理解代替对痛苦情绪一味的回避，更清楚地理解当时的情况，采取适当的、有效的行动，把负面的情绪转换成更加积极的情感状态，从而改变自己和环境。

提升心理健康。许多研究证实，自我同情是个体心理健康的重要标志。自我同情和自我批评、抑郁、焦虑、沉思、思维抑制、表现—回避目标、顺从行为有负相关，与社会关系、情绪智力、自我决定、掌握成就目标、心理健康、学习控制感、自我效能、学术成就存在正相关。研究发现，自我同情对个体的心理健康具有保护和正向预测作用。

苔·其二

清 袁枚

各有心情在，随渠爱暖凉。
青苔问红叶，何物是斜阳。

第二首《苔》更含蓄，增添了无限禅意：花草各自有不同的心绪情怀，随他是爱暖或是贪凉，就像青苔问红叶，到底什么是夕阳一样。从“也学牡丹开”到“各有心情在”，体现了诗人境界的转化，是进步还是倒退，进取还是逃避，只有冷暖自知了。

自我监控：是谁的眼睛总在盯着你看

| 胡杨

当你独自走在幽深寂静的小路上，你是否会感到有人在鬼鬼祟祟地跟踪你?

当你独自坐在最后一班公交车上，你是否会感到背后有一双眼睛正监视你?

当你渴望拥有一些私人的空间时，你是否会觉得自己始终被看着，无处可去?

这全都是因为你的身上有自我监控!

1. 何谓自我监控

自我监控（Self-monitoring）是施耐德（Snyder）博士于1972年提出的概念，随着研究的深入，这一概念在不同领域中发展出了不同的界定。认知心理学中的自我监控是一种特殊的认知能力（元认知）和行为，即对自己认知或行为过程的认知，是对认知过程进行的一种观察、审视和评定。

人格和社会心理学领域将自我监控视为一种社会认知与人际交往能力，人们在社会交往过程中需要有意识地维护和保持自己的形象（印象管理），这就需要个体对周围环境有所感知并主动监控、调整自己的行为。

广义的自我监控包括元认知的部分和个体在人际交往过程中表现出的特殊倾向，狭义的自我监控则更侧重于个体根据外部情境的反馈而对自己的行为进行调整的能力。

2. 高自我监控者画像

（1）对社会情境和人际适应性线索的关注和敏感程度高；

（2）使用这些线索作为材料调控其行为，这些行为包括表达性行为（expressive behavior）和自我展示（self-presentation）；

（3）高自我监控者善于表演，他们的公开社会角色和私人自我可能存在巨大差异；

（4）在自我展示的过程中更加积极乐观；

（5）善于营造幽默的氛围；

（6）能够清楚地认识到自我对他人的影响。

3. 低自我监控者画像

（1）很少注意社会情境和自我表现方面的社会信息；
（2）自我展示行为受到内部情绪、情感、态度、脾气的制约；
（3）倾向于在各种情境下表现出统一、真实的性情和态度；
（4）低自我监控者的行为与自我认知具有高度的一致性。

一般用于测量自我监控程度的是自我监控性量表（Self-monitoring Scale，SMS）。自我监控程度的高低并无好坏之分，但是高自我监控者一般拥有更好的社会适应性。

4. 自我监控对人们生活的影响

学习方面：

现有研究表明，自我监控能力几乎与所有科目的学习成绩都存在正相关，并且自我监控能力也能有效地预测学生的时间管理能力和认知加工速度。

社会交往方面：

（1）高自我监控者在选择社交情境时更倾向于选择外倾的、便于自我展示的情境，而低自我监控者在选择时更倾向于与自我人格特质一致的情境（如果个体人格外倾性更高，那么他就更可能选择外倾的情境）；

（2）高自我监控者比低自我监控者更善于使用印象管理技巧，特别是讨好、自我推销和举例的方法；

（3）一般来说，个体对团队的信任程度影响着其在团队中的贡献程度，但是对于高自我监控者来说这种影响并不存在，不论信任程度高低，高自我监控者的贡献程度都保持了一致性；

（4）高自我监控者更擅长在遇到某种情境前对自己的行为做出构想，同时他们能更加清楚地辨别不同的社会情境，为不同的情境设计自己反应的“剧本”，他们也更能够以他人行为为指导，进行模仿或改变自己的行为；

（5）高自我监控者在选择亲密关系（恋人、亲密友谊、婚姻）时更倾向于选择有熟练社交技能的个体，他们的亲密关系数量众多，但是亲密度较低，同时他们对亲密关系终结的态度也更为开放，低自我监控者的亲密关系数量更少，但是亲密度更高，更愿意融入对方的社会生活，他们对亲密关系的解除更为抵触。

总而言之，高自我监控者表现出了更多的社会适应性，似乎更加符合当代的社会需求，但是低自我监控者也表现出了其他方面的优势，高、低自我监控没有好坏差异，重点在于如何发挥自己的长处。

脆弱的高自尊：我的安静只是我的保护色

| 徐敏

1. 什么是高自尊

自尊是个体对自己能力大小以及价值高低的判断和感受。根据自尊水平的高低可将其分为高自尊与低自尊。研究普遍发现相比低自尊群体，高自尊群体更加乐观，拥有更高的生活满意度，在困境中也更加坚韧等。但与此同时研究者也发现高自尊群体存在着异质性：有些高自尊者对他人的需要缺乏敏感，甚至更容易产生攻击和暴力行为，而另一些高自尊者却不这样。

高自尊的异质性促进研究者对其分类探索。研究者们主要根据以下四种标准对高自尊进行了划分：

（1）稳定性，即根据自尊是否随着时间、情境的波动而变化，将高自尊划分为稳定型和不稳定型。其测量方法是让被试完成多次整体的自尊量表的测试来判断其稳定性。

（2）防御性，即根据个体是否隐藏了消极自我感受并且公开表现出积极的自我感受，将高自尊分为防御型高自尊和安全型高自尊。这两种类型可以通过同时测量个体的整体自尊与社会赞许性来识别。

（3）依赖性，即个体的自尊是否依赖于达到现实或者他人的期望标准，将高自尊分为依赖型高自尊和真正的高自尊。该种类型主要通过相倚性自尊量表和自我价值感相倚性量表测量。

（4）一致性，即外显自尊与内隐自尊这两个结构在各自测验的得分上是否一致，分为一致型高自尊与不一致型高自尊。外显自尊的测量主要通过自我报告法，而内隐自尊则主要通过内隐联想测验、阈下态度启动任务等进行测量。

而柯尼斯（Kernis）把上述的不稳定型高自尊、防御型高自尊、相倚型高自尊和不一致型高自尊统称为脆弱的高自尊，把与之相对应的高自尊统称为安全的高自尊。联想到生活中，有时候人们会用“自尊心真强”去评价一个人，暗含着这个人清高、不好相处、易激惹等，应该就是指脆弱型高自尊者。

2. 脆弱型高自尊的表现

言情小说中，霸道总裁往往戴上冷漠或者自恋的面具来掩饰自己内心的孤独与脆弱，而傻白甜女主角总会用爱来治愈他。某种程度上，脆弱型高自尊和霸道总裁形象极为相似，他们总是采用各种防御性策略来掩饰自己真实的内心，举几个例子：

（1）自恋——“女人，你是不是爱上我了”

研究者发现脆弱型高自尊多是自恋的，自恋作为一种夸大的方式来支持和提升自尊，其本质是用表面的高价值感来掩饰隐藏于内心的低自我感受。

（2）否认——“我不是，我没有，你瞎说”

脆弱型高自尊者在面对失败时往往倾向于否认自己的责任，“我没有通过测验是因为题目太难了”。这是因为脆弱型高自尊其内隐层面与外显层面的自我评价是分离的。因此当“考试失败”这种自我威胁信息出现时，他们内隐的消极评价就会被唤醒并产生强烈的羞愧感。为了逃离这种体验，他们就会把责任“甩锅”给外部因素，否认自己的责任。

3. 脆弱型高自尊的人更敏感

一杯喝了一半的水，有些人会欣喜于剩下的半杯水，而有的人则会叹惋空的那一半。这就是生活中一个关于注意偏向的例子。注意偏向是指相对于中性刺激，个体对相应消极或积极刺激表现出不同的注意分配。

研究发现相比安全型高自尊个体，脆弱型高自尊个体对消极的人机评价信息有更大的注意偏向，并且这种注意偏向的内在机制是注意解脱困难而非注意警觉。也就是说，脆弱型高自尊个体在注意到消极的人际评价信息后，很难把注意力从其中转移，会较长时间地停留在负性信息中。他们非常在意同伴评价甚至会过度追求同伴认同，但在与同伴交往中却倾向于把正性信息解释成拒绝的信息，对别人的好意持有更多的怀疑。还有研究发现，脆弱型高自尊个体对愤怒面孔比快乐面孔更敏感。

可能在脆弱型高自尊群体的眼中，世界就像被蒙上了一层灰色的滤镜。他们渴望得到他人的认可，却也因这渴望而对负性信息更为敏感，感受到拒绝的他们更容易采取言语攻击等策略来进行自我保护，最终导致——明明是想靠近，却孤单到黎明。

4. 脆弱型高自尊的未来

关于脆弱型高自尊的研究大多数都揭示了该特征的负性影响。但换个角度思考，虽然脆弱型高自尊否认了自我内在的消极感觉，但这种行为是否也展现出了他们对积极美好品质的向往以及一定的自我调节能力呢？我认为相比于纯粹的低自尊个体，脆弱型高自尊是具有一定适应性与可发展性的，研究可考虑如何针对其特性进行干预，帮助个体获得更好的自我价值感。

另外，Kernis整合了稳定性、防御性、相倚性与一致性的特点将高自尊分为脆弱型与安全型。这种分类虽然较为全面地将高自尊进行了划分，但同时也会存在不够细致的问题。比如低外显–高内隐自尊个体虽然会被划入脆弱型高自尊群体，但是他们的外在表现行为显然有别于大部分脆弱型高自尊个体。比如，防御性行为在低外显–高内隐群体上可能表现为“自我贬损”，以通过抱怨自身的缺点来传达出一种“我觉得自己十分特别”的隐性自恋。因此，我认为有关高自尊的分类理论还需进一步完善细化。

以及我们需要思考的是，为什么脆弱型高自尊会去否定自我内在的消极感受？这其中是否受到社会赞许性的影响？比如男孩子从小被教育哭是不好的，久而久之他们习惯于掩饰自己的悲伤。以此类推，自卑与低自尊等被社会所厌弃的特征因此需要隐藏，但长此以往个体所感受到自己内在与外在的分裂又可能加剧自卑感的形成。

假如，个体能够无压力地表现出自己低自尊的事实，低自尊、无能的人不再被厌弃，或许就不会有脆弱型高自尊群体了。换言之，我认为有可能脆弱型高自尊等现象的出现其实并不只是个人自我悦纳的问题，同时也是社会悦纳的问题。虽然社会不会仁慈到为个人负责，每个人还是只能背负各自的枷锁前行，但心理学或许就是那一把打开枷锁的钥匙吧。

世事已够难为，你就不要再为难自己

| 王麒钧

1. 自我关怀：请先学会爱自己吧

综艺节目《我家那闺女》里有一期节目，papi酱和焦俊艳谈论爱情与婚姻的观念问题，papi酱对自己人生中最重要的角色进行了排序——自己>伴侣>孩子>父母，然而这一排名引起了现场的父亲们和网友的热烈讨论。父亲们普遍认为，孩子应该是第一位的，父母在第二位，自己排在后面。网友们观点不一，但的确有非常多的人赞同父亲们的观点，其中还有一部分比较年轻的“80”后甚至“90”后。

这种对自我的忽视反映的其实是中国传统儒家伦理道德要求下的一种社会文化现象——被赞颂的是“春蚕到死丝方尽”的无私奉献，被传扬的是“鞠躬尽瘁，死而后已”的忠义之志，被推崇的是

“克己复礼”的归仁之道。在这种文化下，夸赞自己是可恶的——电竞赛前赛后嚣张的狠话变成网友攻击、厌恶选手的理由；按自己的想法生活是可耻的——丁克一族、不婚一族被打上自私、不负责任的标签接受批判；甚至连表达自己的诉求和好恶都是羞愧的——我不优先考虑其他人的想法难道不是太过自我了吗？我们努力地爱着世界，却发现，找不到人毫无保留地爱我们。那么，在爱别人之前，请学着好好爱自己吧。

美国教育心理学家克丽斯汀·内夫（Kristin Neff）首先提出了**自我关怀**（self-compassion）的概念，希望将自己从人生的监牢里解脱出来。自我关怀不是自怜——不是沉浸在自己的痛苦中与世界隔绝；自我关怀不是自我放纵——善待自己不意味着放任自己欲念的享受；自我关怀也不是自尊——我们对自己的同情、理解和善意不是出于我们拥有过人的价值，而仅仅因为每个人本身都值得被善待。自我关怀，是正视此刻我们正承受着的苦难和折磨，理解并尊重我们人性中不完美、不优秀的部分，而后给予自己安慰和鼓励。自我关怀包含三个核心部分：善待自己、共通人性和静观当下。

2. 如果一个人对自己非常残酷，我们又怎么能指望他会关怀别人呢

善待自己意味着永远对失败、痛苦中的自己保持理解和包容。克丽斯汀・内夫（Kristin Neff）的生活并不是平坦顺利的，恰恰相反，她遭遇了大多数我们没有的痛苦。她曾经酗酒、飙车、自残，不断地伤害自己，因为童年时父亲的遗弃，因为处理自己与恋人关系时的无力，因为那种低落、自卑和自我否定；她曾经背叛自己的婚姻，她在婚外情对象那里获得理解和赏识，弥补父亲童年时的忽视，而后陷入羞耻、内疚和无价值感的旋涡惶惶不可终日。为脱困境，她加入冥想小组，开始减少对自我的指责与批判，对曾经的伤痛报以关怀，也接受自己导致不忠行为的不足。她是勇敢者，敢于将自己最隐秘的“不光彩”和最深切的痛苦剖析给大家看，敢于在沉重的痛苦中走出来寻找快乐的源泉。

但是，善待自己与自我合理化似乎很难清楚地区分。接受自己的不足，不是因为有一个可以宽恕自己的借口，而是因为这些缺陷原本存在，同肢体发肤一样，是我们的一部分。避免把坏事合理化成为一件好事，需要对自己诚实，在此基础上的接受和理解，才是对自己最大的善意。

3. 我们的使命是拓宽关怀的光环，拥抱所有的生命与大自然之美

共通人性是认识到我们所经历的痛苦也正在其他人身上经历着的体验，我们都是宇宙的一部分，息息相关、同舟共济，这种利用同情、爱和情谊联结起来的归属感，让我们摆脱孤立无援的分离感和脆弱感，真正与自己达成和解。

桑迪·牛顿（Thandie Newton）发表过一篇著名的TED演讲，《拥抱他人，拥抱自己》。由于父母种族的差异，她成为一个拥有棕色皮肤的异类——“一个信奉无神论的黑人孩子，在一个由修女运转的白人天主学校”，这种归属感和认同感的缺失让她无法找到自尊，即便她在剑桥大学，以最理智的方式学习人类学，了解种族。这一切在一次在刚果进行的治疗后获得痊愈。她在那片美丽的土地上，同那些被残酷对待的女人们跳舞，感受她们的遭遇、痛苦和死亡，在那种沉重和隔绝中，她寻找自己与世界、与其他人的联系，在对他人的同情里寻找自我的意义。这种关怀，超脱了自我怜悯，拥有带来幸福的力量。

4. 你无法阻止波浪，但可以学会冲浪

秉持静观是对此刻发生的事情保持清醒和非评判性的接纳，卡巴金教授在《多灾多难的人生》中将其解读为不评判（Non-Judgemental）、耐心（Patience）、初心（Beginner’s mind）、信任（Trust）、无为（Non-Doing）、接纳（Acceptance）和放下（Letting go）。

我们往往很容易陷入过度认同的旋涡中。我还记得初中时，我因为同学对与我和同桌关系的调侃，在体育课上大哭起来。回忆起来，是他们的话语伤害到我了吗？其实没有，是我自己沉溺在当时无法解释、无法摆脱的烦躁、焦虑和羞愤里，而衍生出来的委屈和伤心。每个人都是戏精，在自己的剧本里给自己加戏，夸大所有情绪。但这种过度反应，导致的只能是失去对事件本身和它的解决方法的关注，以及给周围人带来的无形压力和负面情绪。而静观，帮助我们从觉察到的内容的狭隘中摆脱出来，避免在感情和思维里的迷失，更加有效地处理我们所面临的困境。

自我关怀在生活中也得到了越来越多的关注。内夫（Neff）教授同杰默（Germer）博士于2009年联合创办的静观自我关怀课程，已经在全世界二十二个国家被推广讲授，被广泛地用于积极生活的构建。自我关怀帮助职场人放松心情，与同事建立更加和谐的关系；

帮助维护家庭的和谐，安慰新生儿母亲处理亲子关系与婚姻关系。但同时，自我关怀在提供观念、思想上的调整之外，给予的可行性的实践建议是非常有限的。在没有机会接受正规的课程训练时，通过相关书籍的阅读，以及像静坐、冥想、身体扫描这样的练习真的能够发挥效果实现自我关怀吗？这仍然值得更多实例的检验。而如何避免自我关怀沦为华而不实的心灵鸡汤，将是这个领域在未来一段时间内需要持续关注的焦点。

你似孤勇的船长，赤诚又善良

| 李斯雯

不将就，不妥协，不停留

一腔孤勇

世界尽在眼前

1. 我见你提及梦想时，眼里闪烁着耀眼的光芒

每个人都会有这样的一段时光，与挚友或促膝而坐或卧看星空，一边感叹过往，一边畅想未来。我们会不经意地许诺未来：

“将来我要成为一个职场达人。”

“我认真、努力学习，期末应该可以取得好成绩。”

“长大后，我不要成为×××那样的人。”

2. 哪里有阴影，哪里就有光

这些有关未来的自我描述以及与个体潜能和未来形象有关的自我知识即**可能自我**。可能自我包括三个部分：

◇ 希望自我：人们想要成为的自我形象。

◇ 预期自我：人们认为自己可以实现的自我形象。

◇ 恐惧自我：人们害怕成为的自我形象。

一方面，可能自我是个体对于未来状态的表征，具有相对不确定性。另一方面，它是基于过去自我和现在自我的表征，具有一定的连续性。因此，可能自我是一个宽泛的、多维度的结构。

3. 倏忽温风至，因循小暑来

可能自我是一个开放的动态自我系统。具有稳定性与变化性、主观性与客观性、语义性与情节性、个体性与社会性等多重特点。这些特点相互作用，使其成为一种复杂的心理现象。

◇ 稳定性与变化性：可能自我与过去自我和现在自我具有连续性，因此具有稳定的人格特征。但由于可能自我是指向未来的，是一个长期动态的过程，会受到社会角色、社会情境和个人发展等的影响。例如，研究表明，年轻人的可能自我更多地集中在学业成就、事业、婚姻家庭、亲子关系等方面；而年长者则在健康、休闲、生活方式等领域拥有较多的可能自我。可能自我具有一定的稳定性，但也会被不断地完善，修正或放弃。

◇ 主观性与客观性：时间距离是客观的，对于任何人来说，十年都是同样长的时间，但人们对于时间距离的知觉却具有主观性，同样是十年的时间，时间建构水平高的人会产生更大的心理距离感，认为其更加遥远。因此，可能自我是自我在未来的客观体现，也是个体对未来的主观表征。

◇ 语义性与情节性：人们可以用语言描述自己的可能自我，对其属性进行抽象概括，因此，可能自我具有语义表征。此外，个体对可能自我的表征还会受到社会情境的影响，个体在特定社会情境中，对可能自我会有特定的心理想象或模拟。

◇ 个体性与社会性：个体的可能自我的形成受到个人经历、理想与价值观的影响，因此，个体的可能自我千差万别，各不相同。但是个体的理想、价值观等是由社会文化、性别角色、他人预期等外部因素塑造的，因此又具有一定的社会性。例如：文化差异可以导致可能自我内容和结构上的差异。

4. 要有所热爱，要热泪盈眶

虽然可能自我是指向未来的，充满了未知，但它却可以指导人们的行为，对人们的决策、动机和心理健康等诸多领域产生影响。有研究表明，可能自我具有重要的动机功能，可以指导并调整人们的行为。如果青少年的可能自我是成绩优异并且害怕失败，那么他们会有更低的犯罪率以及更好的成绩。

当我们面临多种选择时，可能自我可以帮助我们更好地做出决策。每年的毕业季，毕业生都不得不对自己的发展方向做出抉择：就业、考研还是留学，思考一下自己的可能自我会有助于他们做出决定。同时，对积极可能自我的思考可以增强个体的积极知觉，进而对心理健康产生正面影响。研究发现，获得积极可能自我的青少年具有较高的自尊水平。当我们考试失利时，如果我们认为自己下学期会更加努力并拿到好成绩，那么消极的现在自我所产生的负面影响就会得到有效缓解。由此可见，可能自我对人们的影响是多领域的，渗入到生活的方方面面。

鉴于可能自我的功能如此强大，人们已经在职业指导、教育教学、行为管理、心理咨询与治疗等多个领域广泛应用可能自我。职业顾问引导来访者从不同角度考虑可能自我可以帮助其确定合理的职业规划，拓展对未来的认识；教师可以引导学生看到更多的积极可能自我，从而使学生增强面对困难与失败的勇气，激发学习动机，提高自我效能感，获得更好的学业成就；咨询师可以通过采取认知重建、情感表达、寻求社会支持、问题解决等方法，帮助来访者明确其可能自我，从而激发其积极情绪与问题解决的动机。

可能自我就像北斗七星，总是为我们前行的脚步指明方向。虽然会偶有乌云遮挡，虽然其光亮会时强时弱，但只要我们步履不停，不断追寻，终会于未来与其相遇。

每一个伟大的灵魂都是雌雄同体的：从性别角色标榜到双性化发展

| 刘耔含

1. 从性别划分说起

曾经听说过一个与性别角色有关的神话传说，大致是讲人类原本是男女同体的，由于神灵的惩罚才将人类划分为两个不同性别的群体。柏拉图曾经打过一个奇妙的比喻：很早之前，人的身体像一个圆球，一半属于男性，一半属于女性，但不幸被从中间一刀斩断，于是每个人的一生都在寻找人性另一半的缺憾。

而关于这一点，来自不同国度、不同语言的不同性别创作者的文学创作中也记载着相似的表达。弗吉尼亚·伍尔芙（Virginia Woolf）曾经说，每一个伟大的灵魂都是雌雄同体的；周国平在收录碎句的集子里也写道，最优秀的男女都是雌雄同体的。

而我们这代人成长恰恰是这种观念渗透的缩影——小时候一直被教导作为男生或者女生应该按照社会期望的要求行动，不能逾越性别角色的天堑；而长大之后却面临着双性化在社会交往中更具优势的现实，甚至失衡到诸如“女汉子”等词语的走红与自我标榜。

从单一刻板的性别角色到“双性化”的发展与培养趋势，我们对于男性气质与女性气质的了解与认同经历了哪些变化，“双性化”本身又有什么优势？这还要从性别角色划分说起。

2. 男性气质与女性气质：不是此岸与彼岸，而是东西南北的殊途

性别差异研究由来已久，但最初关注的却是两性在智力方面的差异，随后才扩展到两性气质差异。所谓**男性气质**（masculinity）与**女性气质**（femininity）分别指的是普遍社会期望中认为男性或女性应该具有的心理特点。研究者曾经利用不同年龄组的大规模群体样本归纳与不同性别气质有关的人格因素。其中男性气质往往和工具性、独立性和外向性联系在一起，譬如坚定、勇敢、更愿意扮演领袖的角色或表现出更为强大的自信；而女性气质则更多地与移情性有关，包括有同情心、愿意体察他人的情绪等。

在传统性别角色观念中，男性气质与女性气质并非两个独立维度。在1936年，特尔曼（Terman）和迈尔斯（Miles）提出将两性气

质作为同一维度上两极特质的观点，并编制了自我报告式量表对个体进行测量。

受到这一理论的影响，一维两极的性别角色模式一直在心理学研究领域占据主流。早期的研究与测量都建立在两个假设基础上：首先，男性气质和女性气质处于对立状态，在个人身上这两种特征有着必然相反的关系。其次，只有具有与生理性别相一致的性别气质（即男性化的男性和女性化的女性）才能获得心理上的健康发展与适应能力。因此在这一前提下，分数趋于中间的个体（也就是所谓的“中性化”）则被认为缺乏优势。

而随着社会的变革，男女性别完全对立的观点逐渐受到抨击。罗西（Rossi）首次提出了“**双性化**”的概念。贝姆（Bem）则以此为基础编制了性别角色调查量表（Bem Sex Role Inventory，BSRI），遵循平衡模型，提出目前最被广泛接受的性别角色二维理论。

在这一理论中，男性气质与女性气质分属于两个不同的正交维度，每个维度的两极分别为“男性–非男性”“女性–非女性”。每个人都可以用心理双性加以描述，是男性气质与女性气质的组合体。如果男（女）性气质占主导，个体就会被视为男（女）性化型个体；如果两种性别气质都表现较少，这个人就被界定为未分化个体。

而所谓“双性化气质”（androgyny）则是这一理论框架中一种综合的人格类型，这类个体跨越了生理性别的限制，既具有女性化特质也具有男性化特质，同时表现出男性与女性的兴趣、能力与爱好，甚至兼备男女性的不同优点，达到一种平衡状态。在实际操作中，双性化气质的个体一般被定义为在完成性别角色调查量表的同时在男性气质维度与女性气质维度都取得较高分数的人。他们常常能自由地表现出男性化或女性化的行为，既坚定独立，又足够亲和；既能在一个团体中掌控大局，又能体察每一位成员的情绪——这也就是Bem所标榜的理想性别角色。

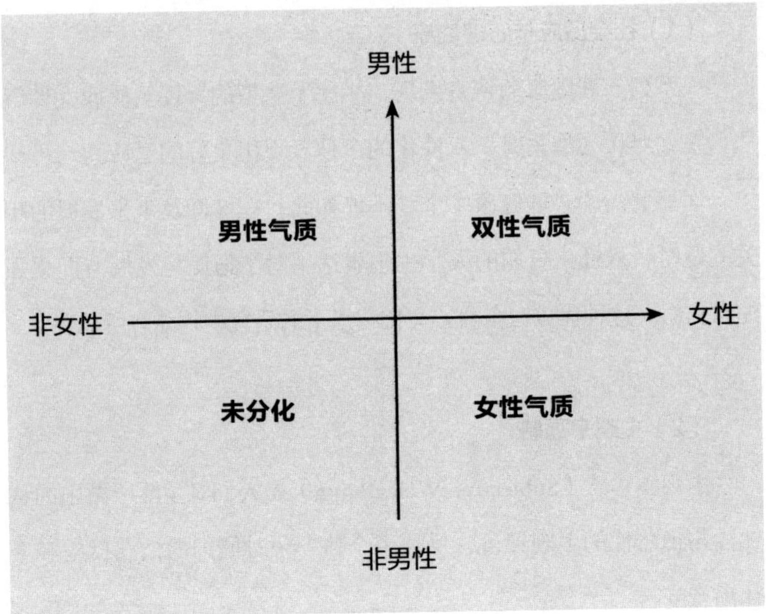

图　双性化理论构念图

3. 双性化人格的优势：既感到幸福，又受人欢迎

在贝姆（Bem）的看法中，具有典型男性气质或具有典型女性气质的性别高度分化者会更多地将性别的社会标准内化，排斥另一种性别气质的行为。而双性化个体面对纷繁复杂的问题，可以更多地依据情境完成灵活的自我调节，因此是一个更为理想的性别角色。后续涌现的许多研究也都为这一观点提供了证据。

（1）社会适应与心理健康

一系列心理健康的调查发现，相比于典型的男性气质或女性气质，在面对压力情景时，双性化的个体表现出更好的适应力与可塑力，保持更高的心理健康水平。不仅如此，在被问及未来发展的相关问题时，双性化气质的大学生也表达出对于适应与发展方面更强的自信心。这种优势在东西方文化背景下的研究中均能有所体现。

（2）主观幸福感

主观幸福感（Subjective Well-Being）是人们对生活所做出的认知性与情感性的主观评价，反映了个体一段时间内的情感反应和个体满意度。

因此相比于事情本身，我们对它的信念与解释更多地决定幸福

感受。而约翰逊（Johnson）等人结合性别角色模型与幸福感的测量研究显示，双性化气质的个体具有较高的主观幸福感。这一结论在国内的本土化研究当中也得到了证实，这可能与双性化个体面对不同情境能用更为灵活的方式加以解读有关，因此能够保持较高的满意度。

（3）创造力

相比于某一性别气质个体，双性化人格的个体在创造力测试（CFT）中得分显著更高。这可能与双性化个体不受到某一种思维框架的约束，对于新事物和新思想保有更加浓厚的开放性与好奇心有关。

欧洲中世纪著名作家德·皮桑就是一个很好的例证。作为欧洲历史上第一位以写作为生的女作家，她拥有女性气质的敏锐与男性气质的理性，在作品中以一种创造性的方式表达对于社会问题的看法。《淑女的美德》中她创造了一座新的城邦，以一种建国者的视角，探讨了女性精神的发展。双性化人格模式赋予她新颖的表达与不一样的视角，她也正是因此而伟大。

（4）人际关系

格林（Green）等人在研究中曾要求参与实验的大学生在看过对于男性气质、女性气质、双性气质与未分化四种虚拟角色的描述后，选择其中一位作为恋人。无论男生或女生都默契惊人地选择了双性化气质的个体，在他们心中双性化气质代表着一种更受欢迎、更有适应能力、更可能成功的形象特点，同双性化个体相处时的社交压力处于比较低的水平。国内学者的研究也发现双性化个体拥有更强的人情味与更加敏锐的社会触觉，因此在人际交往中表现更为出色。

4. 双性化人格的发展与培养：图式的作用

为什么双性化人格会拥有这些优势？我们又如何聚焦于发展阶段培养个体的双性化气质呢？

贝姆（Bem）随后提出的性别图式理论就对这一问题展开了回答。这一理论中图式的概念与信息加工理论基本一致，认为它是一种协助个体有选择地感知、解释和组织新信息的内部认知结构。而具有某一性别气质的个体对于性别图式的依赖性比较强，在接受新信息时会更主动地使用与性别有关的标准进行加工。

双性化人格模式的个体则并非如此。由于他们同时拥有两种典型的性别气质与相应的标准，性别图式在信息加工中所起到的作用有所下降。与之相对的是，客观情境本身的角色变得更为重要，因此在实际接收与处理信息中有更强的灵活性。雷恩（Renn）的一项后续研究则为这一观点提供了佐证，研究发现双性化个体对于电视节目中非两性刻板印象的特征信息记忆效果更好，这体现出他们对于信息的加工没有受到特定性别图式的制约。

对于儿童发展而言，这一理论的意义就显得更为重要。社会性学习是儿童发展中的重要部分，孩子们也是在这一过程中建立了某种性别图式，并结合自身的生理性别不断地磨合与修正，最终使这种性别图式成为判断和评价行为的标准。因此在这一阶段中，如何既完成性别社会化又拒绝性别印象刻板化的制约则成为备受关注的重点。

一系列针对双性化教育的研究发现，幼儿教师与家长在这一阶段中起到极为关键的作用，双性化的教育观念、家长与老师的性别观念，以及相应的服装、玩具甚至来自照看者的语言交往都在潜移默化地发生影响。同时，来自异性同伴的影响也有助于儿童反性别角色行为的发生，跨性别的游戏行为是其中的一个关键因素。所以我们需要鼓励正确的性别观念，跨性别的玩具、教材，与同伴交往，从而强化儿童的双性化人格发展。

然而事实是，当前的教育现实与理想还存在一定的差距。

刘莉在2012年进行的一项针对女性管理者的研究发现，位于决策层的大多数女性从业者都表现出了双性化气质。然而在长辈的口口相传抑或烂俗的电视剧中，女性管理者却往往被塑造为一个冰冷、不近人情、不顾家庭的形象，这本身就是一种来自社会环境的强烈误导。

事实上，刻板印象、教养方式、教学系统甚至大众媒体，每一样在我们社会化过程中起重要作用的东西，都会渐渐成为沉淀在分化后的灵魂中的烙印。当我们反躬自省时已经知道性别气质并非是非男即女的线性连续体，更明白双性化在社会生活中的无尽裨益，那么发展期的正确教导、社会媒介的合理导向便是下一步最为值得关注的部分。

毕竟，我们都想成为更好的人，自然也想下一辈也如此。

5. 对于我：双性化的意义在于包容

如果离开心理学的具体研究去观察和思考人性本身，或许我们会发现双性气质本身的名字叫作包容。当鼓吹“女汉子”的声音一浪高过一浪，当所谓大男子主义的观点还固守在男性心中，难度更高的便是在这两方力量的牵扯中去找到中间最为稳定的平衡点。

双性化不同于中性化，并非是要求女性脱下善解人意的温柔，在需要力量的领域与男人一较高下。它所呼吁的不是融合，不是男人和女人丢掉自己的优势，走向中间点，变成一模一样的人。

恰恰相反，它欢迎的是更多不一样。立足优势，探索人性另一半的缺憾；既富有本性别的鲜明特征，又巧妙地糅进了另一性别的优点——从而以精神上更为丰足的方式存在。

“你感觉”不如“你认为”重要

王璇

自尊对人幸福感的影响毋庸置疑，一个人对自己的评价过低时，主观幸福感也会过低。自尊的高低是不易改变的吗？有没有可能的方法教人提高自尊呢？

1. 什么是自尊

简单来讲，**自尊**是指一个人感知到的自我价值感。我们描述一个人的自尊高低时，倾向于将他划分为高自尊/低自尊。一般来说，我们普遍认为自尊是连续性的，一个人在不同情境下的自尊高低应该是一致的。但有研究证明，自尊会受到言语的影响，从而使得一个人在报告自尊时表现出明显的差异。

目前最常用的自尊量表是罗森伯格（Rosenberg）自尊量表，该量表由十条自我描述的语句组成，填写量表时需对这十句话评分，之后通过计分和反向计分，评分越高者表明自尊水平越高。

2. 语言对自我评价的影响

研究表明，语言可以影响我们如何看待一切事物，当然，也包括如何看待自己。例如，具有明显情感倾向的个体更容易被带有“feel”的信息说服，而具有认知倾向的个体更容易被带有“think”的信息说服。另一项研究表明，对这两种动词信息做出反应的过程中，被试的心情和记忆都受到不同的影响。

因此，研究者猜测自尊测量的过程中，如果被试面对的自我描述性语句带有不同的动词，那么他们的自尊也会受到不同的影响。

3. 言语对自尊的影响

在对罗森伯格量表进行改编后，形成了两个版本的自尊量表，一个量表中所有语句中的动词更改为“think”；另一个版本则全为“feel”，被试被随机分配到这两个版本的量表测试中。结果表明：填写“feel”版本量表的被试报告的自尊显著低于“think”版本，且在将性别作为一个变量后，出现了显著的交互作用，即女性被试受到动词提示差异的影响较大。

4. 如何解释呢

词汇不对称解释，该解释认为英语中的情感性词汇偏消极，因此，当被试接受的动词提示是“feel”时，被试更容易检索出消极的词汇来进行自我报告。但是，这个解释并不能解释这种效应的性别差异。

另一种解释是，“feel”提示会引起更深的自我加工，因此造成了真实自我和理想自我间更大的差异，导致自我描述更加消极。研究者在实验四中记录了被试的反应时间，发现“feel”提示组的反应时间显著高于“think”提示组，由此验证了这种解释。而实验中出现的性别差异，通过引入“情绪化程度”的变量，也得到了解释——在自尊报告的过程中，情绪化程度是影响这一过程的实质变量，因此，情绪化程度较高的女性受到的影响也会较大。

5. 变得幸福很简单

也就是说，如果你在对自我进行评价时，更多地采用“我认为自己……”而不是“我感觉自己……”的句式，就会对自己产生更高的评价，也因此产生更高的自我价值感，从而增强你的主观幸福感。

你学会了吗？

自我实现：自信地追求你的追求

代艺

1. 从马斯洛需求层次理论谈起

“自我实现”这个词大家一定都不陌生。我认识许多没有学过心理学，甚至对心理学完全不感兴趣的朋友，也会用到“自我实现”这个词，来表示他们的目标与追求。我问他们是从哪里学到这个词的，他们告诉我在不少书本、讲座、培训中都会讲到马斯洛的“需求层次理论”，告诉听众有关寻求自我实现的意义和重要性。“需求层次理论”和“自我实现”的受欢迎程度和应用范围可见一斑，许多培训机构也乐于应用这一理论进行讲解。那么，这一理论的魅力到底在哪里？为什么会受到这么多人的青睐呢？首先，我想介绍一下马斯洛和他的“需求层次理论”。

马斯洛认为，所有人类都存在着普遍的需求，这些需求按照实现的顺序、等级不同可以分为以下这几个层次：

◇ 生理需求：指的是人们生存下去必需的物质，如水、空气、食物、睡眠等。生理需求是推动人们行动的首要动力，在满足这项最基本的需求后，人们才会考虑别的更高层次需求。

◇ 安全需求：指的是人们生存下去的安全环境、避免危险与疾病等，也是人们较为基本的需求。

◇ 爱与归属的需求：每个人都希望与他人、集体建立联系，渴望友谊、爱情和归属关系。这一需求上升到情感层面，不再是单纯物质上的需求。

◇ 尊重的需求：既包括对成就或自我价值的个人追求，也包括他人对自己的认可与尊重，这属于较高层次的需求，并非所有人都能得到实现。

◇ 自我实现的需求：这是人们最高层次的需求，指的是个体的各种才能和潜能在适宜的社会环境中得到充分发挥，实现个人理想和抱负的过程，最终达到个体身心潜能都充分展现的境界。这是需求层次中最高层次的需求，是所有人终其一生追求的目标。

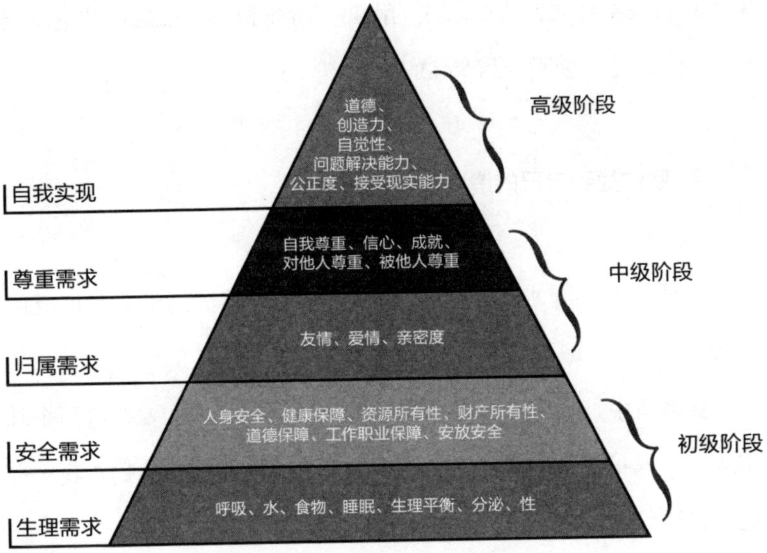

图　马斯洛需求层次理论

以上就是最经典的“需求层次理论”的金字塔中所展现的五种不同层次的需要，尽管在后期，马斯洛也有补充诸如“审美的需求”“自我超越的需求”等，但这五种需求仍然可以涵盖大部分的情形。

这五种需求按照层级逐渐提升，在不同时期会有不同需求占据主导地位，一般而言，只有实现了较低层次的需求，才会产生实现更高层次需求的动力，如果一个人连肚子都吃不饱，还有什么余力来进行自我实现呢？当高层次的占据主导地位时，低层次的需求仍然存在，只是不会影响到个体的行为。

2. 愿你找到自己的追求，并不断前进

马斯洛的“需求层次理论”一经提出，就得到了非常广泛的应用。

在教育中，家庭和学校都需要关注孩子的生理和安全这两个基本需求，保护孩子们有关爱和尊重的需求，同时培养他们自我实现的动机和行为。

在公司和企业中，通过关注员工现在的需求情况，制定相应的激励措施，以满足他们的各种需求，从而增加工作效率和归属感。

在消费与市场中，针对不同消费者的需求层次不同，可以设计不同的营销措施，促进更好的市场经济运转。诸如此类的例子还有许多，但都说明了这一理论的广泛运用。

甚至马斯洛本人晚年，也用这一理论开设公司、担任咨询顾问等方式，积极地将其运用于实践之中，产生了许多非常有意义的结果。

追溯需求层次理论出现的历史，或许能够发现其能够得到这么广泛的运用的原因。20世纪，正是行为主义学派和精神分析主义瓜

分心理学的天下的时候，前者被戏称为“肌肉抽搐的心理学”，他们把人的行为看作简单的刺激产物，忽略了人内在的心理过程；后者把人都看作精神病患，一心想探求他们童年时期都发生了什么。直到以马斯洛为代表的“心理学第三势力”人本主义的出现和崛起，这种二分天下的局势才被打破。可以说，人本主义的出现彻底将心理学的关注点拉回到“人”的本身上来。人不是刺激的产物，也并非是在小时候就被决定了的，人的行为是出于内在需求而非完全在外界影响下发生着变化，人们有主动选择自己行为的权利，这是一种源于人类本能的、“类本能性”的、内在的需求。这种观点将行动的自主性还给了人，并意味着人作为主体的主观能动性和潜力的最大化，人们将有足够的自由去决定自己的行动、需求和思想。这在当时那个年代，是对心理学发展的极大鼓舞，也是对人的认可与尊重。

这一点，放到21世纪的现在也并未过时。现代社会快节奏的生活、碎片化的信息和快餐式的文化，往往让人们很难静下心来想想自己到底需要什么，到底在追求什么。“需求层次理论”和“自我实现”这样的理论，恰好能够促进人们的思考。但是，它并不能给出什么建议，每个人所喜爱的、追求的东西都大相径庭，并且绝大多数人也还不知道自己想追求的是什么（包括我在内），也不知道自己应该如何去做。但是只要有“自我实现”的欲望，勇敢尝试，不轻易言弃，终有一天你会找到“自我实现”的途径；即使没有找到，你在不断追求的过程中，也会获得许多意想不到的收获。

最后，向大家推荐马斯洛的著作《动机与人格》，书中详细地介绍了有关需求层次理论及其应用的内容，读完让人获益匪浅。

下面是书中我最喜欢的一句话，在这里分享给大家：

“……对于作为人类本质属性的一部分、更高层次人性的探索意味着什么——或者更简单地说，人的精彩可以超过他们作为人及其生理属性。”

愿大家在这个浮躁的、快节奏的时代中都能找到自己的追求，明晰实现自我的途径，并朝着这个方向不断前进。

Part 02 加油吧，少年

测量你自己：黑暗又光明的自恋

王铁楠

当超群的才智和精神变态的性格同时出现在一个人身上，就极有可能造就一个伟人。

——威廉·詹姆斯（William James）

在古希腊神话中，那耳喀索斯（Narcissus）曾是一位英俊的少年。他因在池水中看到自己绝美的脸而爱上自己的倒影，最终憔悴而死，殒命之处长出了水仙花（Narcissus）。这便是自恋（Narcissism）这个词的典故。

1. 自恋的黑暗面

在心理学研究中，自恋、马基雅维利主义（Machiavellianism

）与精神病态（Psychopathy）被并称为**“暗黑三人格”**（Dark Traid），拥有这些特质的人都过分自我中心，无视他人的感受和利益。他们以为自己有与生俱来的特权，对他人充满傲慢与偏见。他们只在乎自己的目标，选择无视社会道德规范。甚至为了达到自己的目的，不惜故意操纵他人，毫不在乎他人因此而受苦。

高自恋会让身边的人感觉危险、鲁莽、自我毁灭和无趣。来看看《精神障碍诊断与统计手册》（第五版）怎么描述：

自恋型人格障碍（Narcissistic personality disorder，简称NPD）的普遍心理特征是浮夸、渴望赞美、缺乏同情心、拥有特权感、妄自尊大、嫉妒。其他显著的表型特征包括人际关系的疏远和回避、不安全感、脆弱、敏感、羞耻倾向。

事实上，正如Maccoby指出的，自恋者的成功会不断地强化他们先前就已存在的自大感，更使他们认为他们所取得的成功全凭自己对正常规则的蔑视与不屑。另外，更有研究表明自恋者倾向于在游戏和恋爱关系中作弊，占有更多的资源，只剩少量资源给别人。以下是他们的一些典型行为：

◇ 对批评的反应是愤怒、耻辱

◇ 利用他人来实现自己的目标

◇ 过度自负感

◇ 夸大成就和才能

◇ 沉浸在成功、权力、美丽或完美爱情的幻想之中

◇ 渴望非合理的优待

◇ 渴望持续地关注和赞美

◇ 强迫性利己主义

◇ 个人主义

2. 自恋的光明面

但是，自恋并非一无是处，它甚至还有非常积极的一面，让人们更容易获得成功。从2005年起，来自英国萨里大学的研究者贝琳达·鲍德（Belinda Board）和卡塔琳娜·弗里森（Katarina Fritzon）就一直在进行有关成功自恋者的研究。通过研究，他们发现患有自恋型人格障碍、表演型人格障碍、强迫型人格障碍的人，在高层行政管理人员中出现的概率，都比在布罗德莫精神病院（Broadmoor Hospital）里精神失常的刑事罪犯要高。鲍德和弗里森将具有自恋型人格障碍的高层管理者们形容为“成功的精神病人”，而将精神失常的刑事罪犯们称为“失败的精神病人”。

他们的研究提示，自恋有时也会让人们受益。例如，具有自恋型人格障碍的人可能雄心勃勃、自信满满、专注于自我，并且能够

充分利用周围的人和环境来获得最大收益。具有表演型人格障碍的人则可能擅长吸引和控制他人，因而在建立和发展商业关系上得心应手。

自恋者往往是其专业领域里的一个超级表演家。布劳格（Blogger）的帕穆卡吉安（Pamoukaghlian）指出："妄自尊大感驱使着他们向全世界展示他们是如此的重要。"心理学家Maccoby在他的书《自恋式领导：打造领导者的成功性格》中提到，自恋者超凡的魅力体现在他们的驱动力、视野、冒险精神甚至是冷酷无情上。因此，许多企业青睐自恋者的领导能力。

研究者巴比亚克（Babiak）、诺依曼（Neumann）和海尔（Hare）还发现，"暗黑三人格"和高层管理者的能力之间存在很多重叠的特质。如果你以自我为中心指挥他人，会被同事认为具有领导潜能；如果你不向他人表露真实想法，会被认为自控力强和性格坚毅；如果你习惯于进行夸大的自我评价，会被认为自信；如果你对伤害他人毫无同情，会被称为敢于推进艰难的决策和对事不对人的做事风格。

总之，自恋是一种复杂的人格特质，兼具黑暗和光明双方面属性，并且，在每个人的身上都或多或少有所体现，让人既爱又恨，光明面包涵一种自信的积极态度，让人们拥抱成功，而黑暗面则会让人自满、自负、自我、自私或冷酷无情。

自恋测量：请判断你对以下每句话的同意程度。

题目	完全不同意	比较不同意	有些不同意	有些同意	比较同意	完全同意
1 我是一个很了不起的人。	1	2	3	4	5	6
2 终有一天，我会成为名人。	1	2	3	4	5	6
3 我应该被看作一个伟大的人。	1	2	3	4	5	6
4 我喜欢向别人显示我是个与众不同的人。	1	2	3	4	5	6
5 我非常享受自己的成功。	1	2	3	4	5	6
6 要成为一个特别的人这种信念给了我很大的力量。	1	2	3	4	5	6
7 在大多数的社交场合，我都能成功地将大家的注意力集中在自己身上。	1	2	3	4	5	6
8 我将以我杰出的贡献成为大家关注的焦点。	1	2	3	4	5	6
9 通常情况下，我都很善于与别人打交道。	1	2	3	4	5	6
10 大部分的人都将一事无成。	1	2	3	4	5	6
11 除我以外的其他人都是一文不值的。	1	2	3	4	5	6
12 大部分的人在一定程度上都是失败者。	1	2	3	4	5	6
13 对于我的竞争对手的失败，我会暗暗窃喜。	1	2	3	4	5	6
14 我希望我的竞争对手失败。	1	2	3	4	5	6
15 我很享受别人不如我的那种感觉。	1	2	3	4	5	6
16 如果别人在我面前出风头，我会很恼火。	1	2	3	4	5	6
17 被别人批评我时，我会感到很气恼。	1	2	3	4	5	6
18 如果别人成为被关注的焦点时，我会受不了。	1	2	3	4	5	6

结果解释：请先把自己选择的对应的数字加在一起。然后，对照以下解释了解自己分数的意义。

2013年，柏克（Back）等将自恋划分为光明与阴暗两个截然不同的维度——赞赏型自恋（Narcissistic Admiration）和对立型自恋（Narcissistic Rivalry）。两者分别对应自我提升和自我防卫两种行为策略。

◇ 赞赏型自恋：使个体产生了社会效能，使之与社会环境更相适应，促进了个人的提升，形成良性循环。具体包括自大、独特和陶醉三个方面，即第1–9题的分数加在一起；

◇ 对立型自恋：导致社会冲突以及更多的不适应行为，使个体感受到威胁而过度保护自我，与他人冲突形成恶性循环。具体包括贬损、至高无上和攻击三个方面，即第10–18题的分数加在一起。

结果与解释1（赞赏型与对立型自恋得分均高于36）：总体而言，你的赞赏型自恋维度得分偏高，同时，对立型自恋维度得分也偏高。该结果表明，你能注意到自身的优势，肯定自我的独特性，为了成功而努力奋斗，但有时会因过分追求成功而与他人产生对立。有时候你可能会有一些自我夸大的想法，那些幻想可能会激励你做得更好。你希望自己与众不同，并且常常认为自己很有魅力，也希望自己可以变得很有魅力。但另一方面，你常常会认为自己比别人都强，别人都不如你，但是实现成功靠的是自身的努力，贬低他人或者嘲讽他人并不能改变自己的个人能力。希望你可以为了自己的理想做出更多行动，让别人刮目相看。

结果与解释2（赞赏型高于36，对立型自恋低于18）：总体而言，你的赞赏型自恋维度得分偏高，同时，对立型自恋维度得分偏低。该结果表明，你能注意到自身的优势，肯定自我的独特性，为了成功而努力奋斗，也不会因过分追求成功而与他人产生对立。你尊重每一个个体，并且能够关心他人，能够体会到他人的情绪变化，有着不错的共情能力，意识到他人作为独立的心灵的存在。有时候你可能会有一些自我夸大的想法，那些幻想可能会激励你做得更好。你希望自己与众不同，并且常常认为自己很有魅力，也希望自己可以变得很有魅力。这些都是很正常的想法，希望你能积极去做出行动，把这些想法变为现实。你也可以很好地处理与他人的关系，请继续保持！

结果与解释3（赞赏型与对立型自恋得分均低于18）：总体而言，你的赞赏型自恋和对立型自恋得分均较低。该结果表明，你不会因为过分追求成功而与他人产生对立，也不会因为嫉妒他人而贬低他人成功的意义。但是，您在对自我独特价值的肯定方面稍显不足，因而建议你多关注自我身上的闪光点，不断挖掘自身的优势，努力争取属于自己的成功！

结果与解释4（赞赏型低于18，对立型自恋高于36）：总体而言，你的赞赏型自恋维度得分较低，同时，对立型自恋维度得分偏高。该结果表明，你能注意到自身的优势，肯定自我的独特性，为了成功而努力奋斗，有时会因过分追求成功而与他人产生对立。建议你能推己及人，既能尊重自己的独特性，也能发现他人的闪光点，意识到他人作为独立的心灵的存在，实现成功靠的是自身的努力，贬低他人或者嘲讽他人并不能改变自己的个人能力。希望你可以为了自己的理想做出更多行动，让别人刮目相看！

吸引力法则

| 汪涵洋

1. 美图修过的照片更好看

爱美之心人皆有之，所以在这个“看脸的世界”，人们才会花费大量的时间、精力来维护良好的“身体自我”的形象。比如，去健身房练出肌肉和小蛮腰，为了减肥不吃晚餐，买大量的名贵护肤品和化妆品，找专业的发型设计师打造适合自己的发型等。为了好看的自我形象而挥金如土的人不在少数。

那么，“美”究竟是什么？那些被公认为漂亮的人有什么共同点？美丽是否有迹可循？如何才能打造出更加有魅力的客观“身体自我”？

相信这是少男少女们自从进入青春期以来最为关心的话题之一。进化心理学家认为，每个人都有对他人是否“有吸引力”的一套评判机制，这套机制是通过长期进化得来的，其作用是为我们选择健康、有生育能力的伴侣，从而使自己的基因得以在最大范围内传播。那么，我们认为有吸引力的脸，具有什么样的特征呢？

（1）对称的脸

心理学家们将普通人脸拍成类似证件照的照片，再将其分为左脸和右脸两部分。将左脸镜面对称得到对称脸一号，将右脸镜面对称得到对称脸二号。之后让被试评定普通脸和对称脸的吸引力大小，结果表明，对称脸完胜普通脸。

（2）平均脸

与之前类似的，心理学家们将成千上万幅人脸证件照用计算机叠加平均，得到平均脸。再让平均脸PK普通脸，比赛结果平均脸完胜普通脸。

（3）男性喜欢极具女性特征的脸

美国心理学家让男性在专门的计算机软件上操纵鼠标，设计出自己心目中美丽女性的原型。结果表明，最美丽女性的面孔具有极端的女性特征（比如，更大的眼睛、饱满的嘴唇、小巧的下巴）。英国、日本的跨文化的研究也表明，最美的女性面孔是那些比女性平均脸还要女性化的脸。

（4）极具男性特征的脸却不是女性的最爱

研究表明，正如雌激素可以让女性的脸具有女性特征一样，雄性激素可以让男性的脸更具男性特征，如更粗的眉毛，更高的眉骨、面部脂肪较少而肌肉更多，更硬朗的下巴和脸部线条。很多研究均一致表明，雄性激素越高，男性同性竞争就越多。但女性并不喜欢极端男性化的面孔，些许的女性化特点可以暗示男性适中的雄性激素分泌，从而让女性觉得其更具有合作意识、更诚实并且会更有可能抚养孩子。

下面我们以早在1994年发表在*Nature*子刊*Letters to Nature*的一项心理学研究为例，看看心理学家们是如何进行面孔吸引力研究的吧！

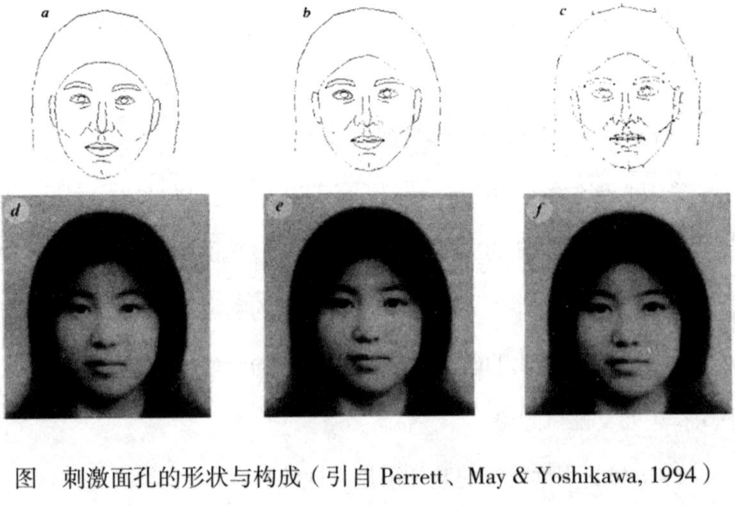

图　刺激面孔的形状与构成（引自 Perrett、May & Yoshikawa, 1994）

图片最左边是日本女性的平均脸，中间是选择了十几位最好看的女性的面孔进行叠加平均合成的，最右边是将平均脸和好看平均脸的差异扩大5%之后形成的图片。通过一系列实验的平衡和控制（实验设计就省略了，简单来说就是让被试进行吸引力评定），结果发现，最右面的合成图片被认为是最好看的脸。我第一眼看上去的时候并没有发现这三幅图有何不同，但拿直尺比对之后还是发现了差别：最好看的面孔眼睛更大更明亮、额头更饱满、嘴巴大小适中但嘴唇丰满、下巴更小。

这也就解释了为什么自拍神器美图秀秀的萌图功能受热捧，因为用美图秀秀自拍时，软件会自动扩大我们的眼睛，遮住我们的大鼻子，缩小我们的下巴，而这么做都是可以让我们的面孔看起来更好看的。

以上，我们对有吸引力的面孔的探讨就接近尾声了，至今，心理学家们发现的高颜值的秘密就是以上这些内容。希望小伙伴们可以站在巨人的肩膀上，科学地改善自我哦！

2. 嘿，要小心！你的大脑泄露了你看见美女时的想法

约翰斯顿（Johnston）和奥利弗·罗德里格斯（Oliver-Rodriguez）在1997年使用事件相关电位的方法探究了当男性看女性

的面孔时大脑的反应。结果表明，相比于看女性平均脸，男性看更加女性化的面孔时特定脑区的诱发电位更大。男性和女性均认为更女性化的面孔更好看，但只有男性在看更女性化的面孔时有很大的P300的反应，这意味着男性在进行有关情感价值的脑部活动。

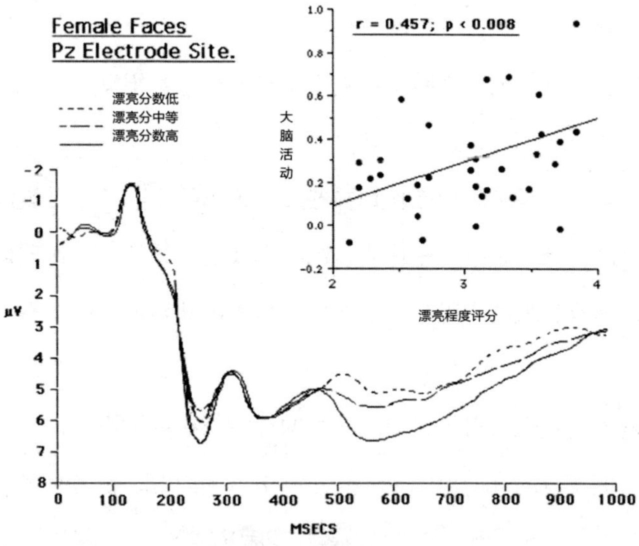

图　女性面孔漂亮评分与大脑活动间的关系
（引自 Johnston & Oliver-Rodriguez, 1997）

另一项使用正电子放射断层扫描（PET）的研究也表明，当男性在评定女性面孔的吸引力时，两个左前额皮质区域的大脑血流量增加。有吸引力和没有吸引力的女性面孔激活男性的脑区不同。随后，有心理学家对男性和女性被试使用fMRI对这一领域进行研究，结果发现有吸引力的面孔会激活眼窝前额皮质（OFC），这个区域与奖赏的过程有关。这一结果与行为数据的结果是一致的。在行为研究中，我们发现，男性会为有漂亮面孔的女性工作，而不是其他的女性面孔或男性面孔。这也解释了为什么《生活大爆炸》中莱纳德会对美女邻居佩妮的混吃混喝甘之如饴，《欢乐颂》里王柏川为了樊胜美而努力工作等。

那么，同样参与奖赏过程的杏仁核是否与面孔吸引力有关呢？心理学家发现，当面孔很有吸引力和面孔没有吸引力时，右侧杏仁核的激活程度最高，当中等程度吸引力的面孔呈现时，右侧杏仁核的激活程度最低。因为杏仁核是大脑中与情绪情感有关的处理器，所以从这个结果可以推测，好看和丑陋的面孔均会引起我们（无论男性还是女性）的情感反应。

在2017年3月份刚刚发表在认知情感行为神经科学（Cognitive Affect Behavior Neuroscience）上的一篇研究探索了人类在看不同腰臀比的女性的图片时，脑区是如何系统活动的。实验使用ERP研究范式，结果发现，男性与女性对不同腰臀比的女性图片的脑电活动是不一样的。腰臀比为0.7的女性图片，相比于腰臀比为0.6/0.8/0.9的女性图片，最大程度上激活了男性P1水平的正性脑电，但女性没有出现激活。这说明男性与女性在加上女性图片时有不同的脑部活动。

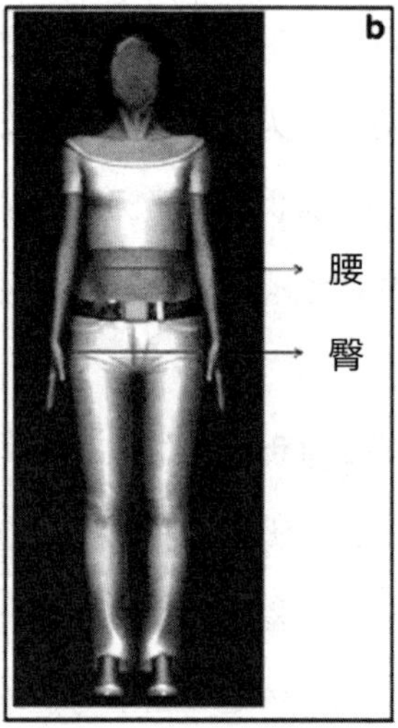

图　腰臀比示例

由以上研究可见，有吸引力的女性面孔对男性来说是一种奖励物，这解释了为什么出现“一骑红尘妃子笑”的故事，出现“烽火戏诸侯”的典故。对大脑的研究使心理学家对人类行为的探索深入到神经生理的层面，让我们更加确信一些在行为层面上得到证实的结论。

3. 脸蛋和身材，哪个更重要

男性更看重女性的身材、脸蛋，还是思想?

答：脸蛋和身材决定了我是否想去了解她的思想，思想决定了我是否会一票否决掉她的脸蛋和身材。这条关于男性择偶观的回答已经成为经典知乎神回复之一，点赞数破万。那么，这个回答真的靠谱吗？脸、身材和性格等其他因素对女性吸引力的贡献究竟有多大?

2016年，来自清华大学工业工程学专业的同学以中国男性为被试做了一项心理学研究，结果发现，面孔吸引力比身体吸引力更重要。这项研究被发表在英文期刊《心理》（*Psychology*）上。我在看到作者系清华大学学生时震惊了，当看到他们还是学工程专业的时候，就更诧异了，但不能让刻板印象束缚住我们追求真理的脚步，于是我就总结了一下他们的研究成果（因为作者性别无从考证，所以没准是女孩子呢，嘿嘿）。

在讲清华同学的实验之前，我们先回顾一篇更早发表的（2014年）的文章。文章将女性总体吸引力分为面孔和身材两部分，其中身材指标的测量包括BMI（体重除以身高的平方）指数、WTH（腰臀比）、BS（乳房大小）。让男女被试对准备好的图片（分为只有面孔、只有身体以及完整人体三种）进行吸引力的评定。图片又分为正常着装的和泳装的两种。结果发现，在正常着装组，身体吸引力对总体吸引力的贡献只有3%，但面孔吸引力占到了79%；在泳装组，身体吸引力对总体吸引力的贡献值为29%，面孔吸引力为55%。在身体吸引力层面上，研究者还对BMI、WTH、BS对身体吸引力的贡献进行了回归分析，结果发现，BMI、WTH对身体吸引力的影响是显著的，BMI越大，身体吸引力越低；WTH值与身体吸引力在WTH大于0.7时也成负性相关的关系。但BS在控制了BMI和WTH的情况下并不显著，以往研究也表示BS对身体吸引力的影响并没有一致性的结论，这说明乳房大小并不是身体吸引力的有效预测指标。

好了，进行了一定的知识储备，我们再来介绍中国本土研究。

清华同学的研究范式在前人研究的基础上稍稍进行了改动，实验过程给被试提供两种情境，第一种是选择长期伴侣，第二种是选择短期伴侣。在这两种不同情境下让被试移动覆盖在人体图片上的遮挡物，遮挡物分为两种情况，第一种是遮住了脸部，第二种是遮住了身体。被试只能二选一。实验结果如图所示，无论男性还是女性，在选择异性伴侣时，对脸的看重都高于身体，但女性比男性更关注身体条件。相比于选择长期伴侣，在选择短期伴侣时，人们会对身体更关注一些，但这种关注没有达到对脸的看重程度。

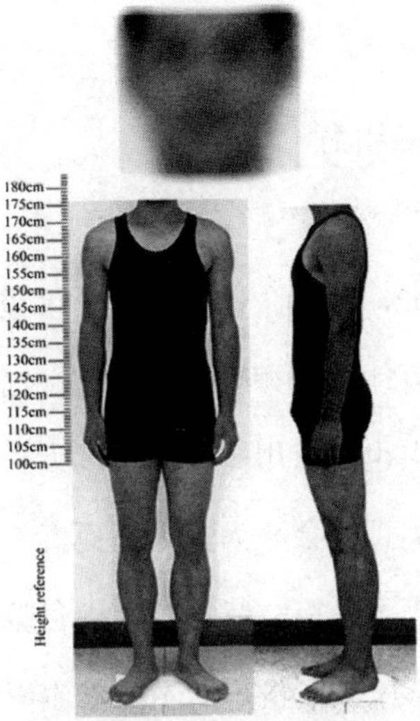

	长期伴侣		短期伴侣	
	身体	面孔	身体	面孔
男性评分者	11（19%）	47（81%）	20（27%）	53（73%）
女性评分者	15（29%）	37（71%）	19（39%）	30（61%）

图　男（女）伴侣对身体和面孔重要性的评分

好了，由以上研究可以看出，无论是评定吸引力还是选择伴侣，人们对脸的看重都大于身材，虽然两个因素对总体吸引力的影响都很大。而且在身体吸引力的评定中，腰臀比和体重指数是身体吸引力的有效预测指标。

4. 腿越长越有吸引力

小时候就很好奇，为什么日本动漫里穿超短裙的女孩子腿都那么长，但看着却没有什么违和感，反而觉得这样的女孩子好可爱，好漂亮。现实生活中也流行用“肤白貌美大长腿”来概括美女的特点，那么，我们人类真的会认为腿更长更好看吗？来自日本的心理学家们在2016年发表了一篇文章，专门探讨腿长对人们身体吸引力的影响（这些心理学家大概也是对本国动漫里的女孩子腿都很长的现象感到好奇，所以才做了这个实验，嘿嘿）。

其实早在2006年，日本就有心理学研究者做过类似的实验，之后在2008年和2010年，也有日本和美国的另一些研究者做过腿长（注：这里的腿长其实指的是人自然站立时从足底到会阴的距离除以身高的相对比例，为了行文方便简称腿长）对吸引力的影响的实验。但前人得出的结论却各不相同，有的研究发现在一定范围内，女性腿越长越好看，男性则是腿越短越有吸引力；有的研究结论是无论男女，比平均腿长长5%的人更有吸引力；有的实验则认为女性腿长越接近平均值越好看。这些不一致的结果很可能是因为它们采用的实验素材不同，比如，有的使用的是线条勾勒出的人体图片，有的使用的是人体的正面投影图片，有的给被试呈现的是3D人体。

考虑到要最大程度上还原现实情境，并且更好地控制无关变量的干扰，所以这个最新的研究使用计算机软件合成3D人体的技术，首先将若干个成年人的平均腿长和身高数据制作出的人作为原始人体模型，在控制身高不变的情况下再依次将腿长改动到原来的90%、92%、94%、96%、98%、100%、102%、104%、106%、108%、110%制作出不同腿长的人体模型呈现给被试，之后让被试进行吸引力的评定。给被试呈现的画面如图所示。

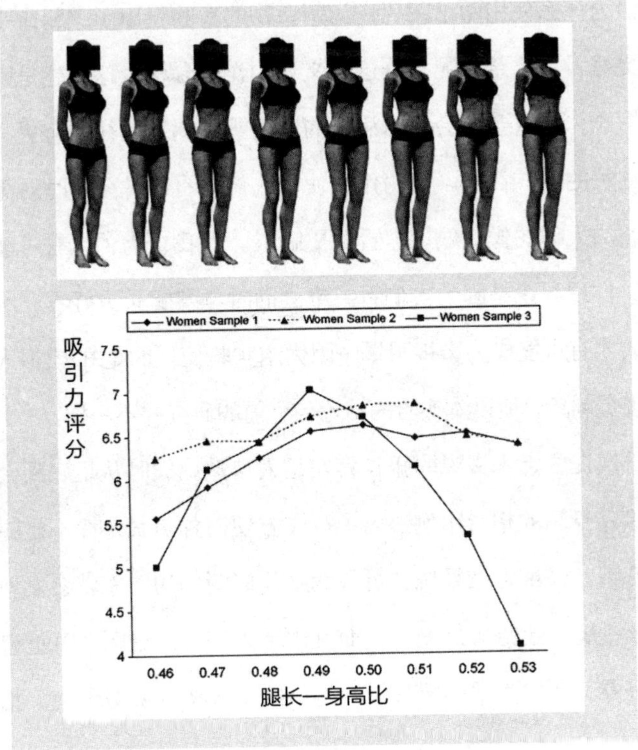

图　腿长—身高比与吸引力间的关系

由图可以看出，更接近平均腿长的人更有吸引力，但男女略微有些差异，人们更能容忍女性腿长些，男性腿短些；也可以说人们更不愿意看到女性腿比平均值短，男性腿比平均值长。

这个结论符合进化心理学上的“平均值”假说，该理论认为人类的身体特征在人群中处于平均水平暗示着更小的基因变异性，说明人体更健康，所以也更有吸引力。

但为什么使用两维图片作为刺激物的实验得出了“腿比平均值长些更好看”的结论呢？据这篇文章的作者分析，这可能是因为媒体的影响，在人类社会媒体活跃的影视明星偶像们往往有更高的个子和更长的腿，社会学习的作用使得人们在看二维图片时对高于平均腿长的人体图像更熟悉，看着更顺眼。但我认为，也有可能是反过来的作用，正是因为人们看二维画面时觉得腿长更好看，所以腿长的人才有可能成为影视明星。因为本实验使用的是3D模拟人体呈现的视觉刺激，所以本实验的结论与之前的研究并不一样。

再次提醒，本文说的腿长其实是人自然站立时从足底到会阴的距离除以身高的相对比例，为了行文方便简称腿长，而不是腿的绝对长度哦。仔细看结果统计折线图平均值两侧的斜率就会发现，其实女孩子腿长比腿短好太多，而且由于人们看二维图片时觉得腿长些要好看，所以生活中腿长于平均值的女孩子其实更上镜，拍照也更好看，这与“肤白貌美大长腿”的结论并不矛盾。但腿没有那么长的女孩子也不需要自卑，只要腿长在平均水平，你的身体在生活中看起来其实更协调一些。

生而为人，我很抱歉：从心理学看人类的劣根性

| 李佩玲 邓祎祎 侯颖嘉 陈羽鑫

人类的本质是美好的、善良的、明智的，还是自私的、盲目的、虚荣的？

也许，从心理学家这里你能找到一些答案。这些答案可能并没有那么讨人喜欢，甚至令人难以接受，但那是真实存在的、人性中的不足。我们需要了解它们，才能改变它们。

1. 我们在四岁的时候就已经开始幸灾乐祸了

我们相信，孩子是极其富有同情心的。他们会收养流浪的猫狗，会对需要帮助的人伸出援手。

但是，你又信吗，孩子在四岁的时候已经开始幸灾乐祸了。

2013年的一项研究表明，即使是四岁的孩子，也会因他人的痛苦而幸灾乐祸，尤其是当他们觉得这个人是活该的时候。另有研究发现，六岁时，孩子们会花钱看一个反社会的木偶被暴打，而不是把钱花在贴纸上。

是否感到害怕呢，天使般的孩子，竟也会出现这种看上去偏于阴暗的想法？

这种幸灾乐祸出于厌恶与憎恨，似乎是因善而出现的情感。可是，这是否也表现了孩子的阴暗面呢？这样的结果究竟是好是坏？

其实，不用那么紧张。

幸灾乐祸是一种正常的心理反应，不用过分看作残忍、缺乏同情心的表现。

世界的美好仍是值得我们相信并追逐的。

2. 我们都是道德的伪君子

你是否为他人乱扔垃圾而感到不齿，却在教室的抽屉里留下了用过的纸团？你是否觉得捡到了钱应该拾金不昧，但仍然将捡来的钱放进了自己的口袋？你是否总是为队友抢了自己的“人头”和buff（增益）感到怒不可遏，却总是忍不住路过时帮队友“补两刀”？

你说垃圾不是我故意放在抽屉里的，是我走的时候忘记了拿；

你说捡到了钱又找不着失主，充公又麻烦；你说“人头”又不是我故意抢的，只是恰巧被我补的那一刀抢了去。但你心里明白，什么是道德的，而什么是违背道德的。从某种意义上讲，我们都是道德的伪君子，我们都是道德伪善（moral hypocrisy）的。

人们都有“道德伪善”的动机，即在自己和他人“面前”表现得道德，但只要有可能，就会躲避真正按照道德原则行事时所付出的代价，选择相对不道德而利己的行事原则。

那么，我们为什么会道德伪善呢？

双加工理论（Dual Process Theory）认为，道德伪善是理性加工和非理性加工分离的结果。理性加工由认知驱动，它会倾向于一个更道德的判断，符合一个基本的公平准则。而非理性加工主要是情绪和信念驱动，它会产生一个更不道德的判断，保护一个人的自我形象。

简单来讲，当你做了一件不道德的事，理性加工系统就会迅速告诉你“你做得太不道德了！你真卑鄙”，但随后非理性加工系统开始在大脑里作用，自觉地进行动机推理（也就是自我开脱），它会说“不，我只是因为……才不得不这样的”，以保持积极、良好的自我看法。

而心理学家们同样发现，人们对于同样的不道德事件，在是由自己和他人实施的两种情况下，人们对该事件的公平判断存在差异，差异在于人们对自己的不道德行为的看法要轻得多。换句话说，对于不道德的事，人们对自己更“宽容”，对他人更“苛责”。如我们把伴侣的不忠归因于他们的性格，而把自己所做的事归因于环境的影响。

事实上，回想一下我们的日常生活，我们做过有关道德伪善的事不在少数，但了解了关于道德伪善的研究后，我们可以对自己的这项行为进行反思。在这个领域中，另一个很重要的启示是，对于那些谴责他人道德沦丧最迅速、最响亮的人，我们应该保持警惕，因为他们本身可能就是不道德的，甚至更糟——只是他们不自觉而已。

这是一个世代流传的问题——我们人类，虽然不完美，但本质上是善良、理智、宽容的生物吗？或者，在内心深处，我们是否天生就是坏的、狭隘的、懒惰的、虚荣的、报复心强的和自私的？

3. 人会被那些性格阴暗的人所吸引

从小学就开始看各种警匪片的你，会不会觉得里面的黑社会很帅很有男人味，十分有吸引力？

“我为什么会喜欢那样的人，对他/她产生崇拜感？”

事实上，这是有科学根据的——

我们不仅选出具有心理病态特征的人成为我们的领导人，而且有证据表明，至少在短期内，男性和女性都会被那些表现出自恋、精神病态和马基维利主义等所谓“黑社会”特征的人产生性吸引，从而有可能进一步传播这些特征。

一项研究发现，当女人被描述为具有黑暗特质（自私、控制欲强和麻木不仁）时，她们对男人的身体吸引力就会增加——与具有相同性格相比（从他的兴趣等方面来说）。有一种理论认为，黑暗特质成功地传达了“伴侣质量”，即自信心和冒险意愿。

甚至，还对我们人类的未来有影响……

也许已经有了结果，有人在2016年的另一篇论文发现，那些对自恋男性的脸更有吸引力的女性，所以往往会有更多的孩子。

4. 人都是潜在的巨魔

你是否曾在网络上目睹粗鲁的语言，严厉的批评，愤怒，仇恨，甚至威胁……或者你本身就是这些行为的施加者。人们浏览互联网地下黑色领域——色情、犯罪和暴力领域，这些他们不会在真实世界探索的领域。这是否证明我们都是潜在的巨魔?

其实，这些阴暗面的确是我们的一部分，然而却又并非我们的全部。我们倾向于在社交媒体上表露我们在真实世界较少表露的一面，因为社交媒体的匿名性以及不可面对面交流的特质给了我们一张面具，让我们能够在不暴露真实身份，避免表情与眼神交流的情况下交流。但这并不意味着这种情况下展现的是完全真实的自己。如果一个人在面对面的生活中包含了他的攻击性，但是在网上表达了这种攻击性，这两种行为都反映了自我的某些方面：在特定条件下的非攻击性行为，在其他条件下的攻击性行为。当一个人在网上外向的时候，当面害羞，自我表现都不真实。他们是那个人的两个维度，每个维度都在不同的情境中展现。

不同的在线交流方式（如电子邮件、QQ聊天、视频）和不同的环境（如社交、职业、幻想）可能促进不同的自我表达。每个设置都允许我们从不同的角度看待身份。两者都不一定比另一个更真实。

也就是说巨魔是我们，天使也是我们。

5. 我们相信因果报应——假设世界上被压迫的人必须得到他们的命运

常言道，“善有善报，恶有恶报”，“可怜之人必有可恨之处”。

类似的俗语不胜枚举。我们似乎总是倾向于将不幸之人的艰难处境归咎于他们本身的道德有失，坚信他们的苦难是其必得的命运。

事实上，四岁的孩子已经有了这样的观念——上天会对那些做了好事的人给予奖励。然而，我们信仰因果报应的不幸后果却已首先在梅尔文·勒纳和卡罗琳·西蒙斯的经典研究中得到了证明。

研究证明，当我们无力改变受难者的痛苦处境时，我们将会贬低受难者以人为地创造一个我们所认为存在的公平世界。这种贬低受难者的行为使我们对公正世界的信念得以被维护，愧疚感大大降低。因此，在现实生活中，我们也常常认为受难者罪有应得。事实上，这些冷酷的行为更像是一种安慰保护机制，使我们在不能够帮助受难者时心里好受一些。

6. 我们更倾向于认为圈外群体和弱势群体低人一等

“非我族类，其心必异”，这是很多历史小说在发动某场战争时都提到的理由。

事实上，已经有实验对此进行了研究。

一项脑部扫描研究发现，学生在注视无家可归者和吸毒者的图片时与思考人有关部位的神经活动较弱（相比于注视高地位者的图片）。此后的多项研究也同样显现出了这种公然的非人化形式，甚至还进一步显示出公然的非人化现象。例如，那些反对阿拉伯移民或支持对穆斯林极端分子采取更严厉的反恐政策的人，倾向于把阿拉伯人和穆斯林从字面上描述为没有平均水平的进化。

此外，也有证据表明年轻人认为老年人低人一等，而人们对于喝醉的女人也有类似的倾向。

更可怕的是，这种倾向在孩子五岁时就已经表现出来了。有研究证明，五岁的孩子已经将与自己居住城市或性别不同的人更少的当作人看。

7. 我们是狭隘和教条的

我们很多时候认定了的事一定要做，即使在旁人的眼中愚蠢至极。这不仅仅是我们的恶意和不可原谅，我们人类也是令人担忧的狭隘思想动物。反之，如果人们是理性和开明的，那么纠正某人错误信念的直接方法就是向他们提供一些相关的事实。

然而，1967年出版的一本现代经典著作表明，这种方法是徒劳无益的。

强烈相信或反对死刑的参与者完全忽略了这是否会破坏他们地位的事实，实际上是对他们最初观点的加倍。这样的事情会发生似乎在一定程度上是因为我们认为对立的事实会削弱我们的认同感。很多人对自己理解事物的程度过于自信，而当我们相信自己的观点优于他人时，这就阻止了我们去寻求更多的相关知识。

8. 思考人生？不存在的

善于思考，是人类区别于其他动物的很重要的特质。然而人真的喜欢思考吗？也许心理学家能给你一些启发——相比于思考，人们更愿意受到电击。

这个戏剧性的结论是一篇2014年发表的研究提出的，在该研究中，67%的男性被试和25%的女性被试选择了令人不适的电击，而不愿花15分钟独自待在房间里思考。之后的研究也发现，相对于单调而无聊的思考，人们更愿意受到电击或独自做一些其他的事来填充空白的时间。

这些结果仿佛都印证了法国哲学家布莱士·帕斯卡（Blaise Pascal）曾说过的一句话："人们所有的麻烦都来自他不能独立思考。"

这足以引起我们反思。

当我们感到很忙却又不知道自己为何而忙时，当我们感觉遇到了天大的困难时，不妨停下忙碌的脚步，耐着性子思考一下——尽管这会令我们感到厌恶——但也许一切都会变得明朗起来。

9. 我们都是自负的

大多数人都曾有过这样的感受：镜子里的自己沉鱼落雁，自拍里的自己仪表堂堂；身份证上的自己其貌不扬，他拍里的自己惨不忍睹。

其实，这之中暗暗揭示了人性的一个特点——自负。在社会学中，乌比冈湖效应和达克效应阐释了人们的这种自负倾向。

乌比冈湖效应告诉我们，我们都倾向于高估自己的能力和德行，比如我们的开车技术、智商、魅力等。更讽刺的是，达克效应告诉我们，能力最低的人往往最倾向于高估自己。

而这种自负的现象在我们对自己进行道德评估时显得最为极端而且不理性：有研究发现，监狱里的罪犯普遍认为与大众的平均水平相比，自己会更加友善、诚实，而且更加值得信任。

自负能带来好处。面对困难时，我们的自负会让我们更加勇敢地去迎接挑战；遭遇挫折时，我们的自负能促使我们坚持下去。但同时我们也应该了解我们的自负，防止我们沉浸在自我美好的幻想中而止步在完善自己的道路上。

了解自负，从每天早上开始，面对镜子，不再追问“这是哪里来的小仙女”，而是告诫自己——“人丑应该多读书”。

10. 选择优秀的领导者

很多时候人们都认为，一个优秀的领导者，能将整个团队的能力提升不少。确实，有能力的领导者会带领团队避开很多麻烦。遗憾的是，有研究认为，我们更倾向于选择道德与技能都略微逊色的领导者。

这是一个广泛的模式：

领导者中拥有心理病态特质的比例高于一般人群。以纽约的金融界领袖为例，他们在心理病态特质方面得分较高，而情商却低于平均水平。

不久前的一篇综述总结发现，心理病态特质与领导能力确实存在联系——心理病态与较差的领导绩效相关。也就是说，许多存在心理病态特质、领导能力并不出色的人，获得了更多支持，被选为领导者。

不敢相信自己竟然会做出这样的选择吧？我同样存在疑虑：也许是领导者的压力导致了更多的心理病态特质呢？

在科学的道路上，我们要持有批判的态度继续探索。人的劣根性诚然可怕，直面它们，看清自己，能够更好地思考人生，发现美好。比如此刻，窗外阳光正好，冬日也暖。

生而为人，我很抱歉，但我会努力生活

| 张其文

太宰治是文学史上的一个奇人。五次自杀未遂，写完这部自传类型的小说《人间失格》后，与情人牵手，投河自杀。人间失格，即丧失为人的资格。

全书从第一章就毫不客气，强颜欢笑、矫饰轻薄、面无表情的“死相”，古怪，令人生厌，形容了主人公从小到大的三张照片。主人公叶藏胆小懦弱，惧怕世间的情感，不了解人类复杂的思想，继而通过搞笑取悦别人，隐藏真实的自己。后来发现饮酒作乐似乎更能逃避这个世界，于是终日放浪形骸，通过酒精、药物、女人来麻痹自己，最终走向毁灭。

他被身为人最真切的痛苦所折磨，终其一生都在自我厌倦下寻求爱，逃避爱，最后只能毁灭自己。

日日重复同样的事，遵循着与昨日相同的惯例，若能避开猛烈的狂喜，自然也不会有悲痛的来袭。

——《人间失格》

这部非常丧的作品常常被我拿来重塑我的价值观。主人公在生活中展现出的懦弱无力，迷茫紧张，只能戴着面具生活而成为一个丑角，与他人交往时，一味屈从对方的要求，为取悦他人，以刻意地卖乖出丑、耍宝搞笑来与他人同一化。而面具下永远是鄙视的脸，冷漠的心。这样的人生，如何活着呢？主人公选择了饮酒作乐，沉迷酒精、药物、女人。而想要保持真实自我的我们，在这个复杂险恶的社会又该如何活着呢？“问问老天，不抵抗是罪吗？”就像余华的《活着》一样，所有的亲人都离去了，所有的苦难都受尽了，能怎么样呢，还是要活着呀。

因为我更像一个丑陋的怪物，虽然很想普普通通地活得像个人，但社会却一直将我当作一个怪物。

——《人间失格》

胆小鬼连幸福都会害怕，碰到棉花都会受伤，有时还会被幸福所伤。在还没受伤之前，焦虑得想要尽早保持原状地分开，并散布着与往常一般自娱娱人的烟雾。

——《人间失格》

人类社会对个体的限制是很大的，作为群居动物，我们需要合作，代价就是需要被社会同化。所以在追求自我的道路上，被环境控制和寻求自我真实永远互相制约着也共同帮助着前进。而主人公，赤诚又缺乏勇气。他用“丑角精神”作为对人最后的求爱，可他根本不会爱，他缺乏袒露自己内心，或是探视他人内心的那点勇气。“他人即地狱”，在他的眼里，人与人之间的相互理解根本就是不可能的。

鲁迅曾言：“皆灭人之自我，使之混然不敢自别异，泯于大群。”为了融入这个社会，与社会中的他人保持同一性，个体的自我一定会经历“同化”过程，抹去自我中过度特异的部分而使其成为更“适应”社会的存在。保持高的自我真实性是非常难得的，我们必须穷尽身边的资源。“相互轻蔑却又彼此来往，并一起自我作贱，这就是世上所谓‘朋友’的真面目。”我们固然不会像主人公一样这般理解友谊，这将会是我们追求真实自我的路上的一股强有力的力量。

因为怯懦，所以逃避生命，以不抵抗在最黑暗的沉沦中生出骄傲，因为骄傲，所以不选择生，所以拒斥粗鄙的乐观主义。

——《人间失格》

愿每个人都能找到真实的自我，不再别别扭扭磕磕绊绊地生存。生而为人，我很抱歉，但我会努力生活。

你在为工作而焦虑吗：重拾《焦虑的意义》

| 陈泽凡

1. 焦虑的内涵

焦虑并不是近代才有，却是近代才走进人们的意识。对于当下社会的我们来说，焦虑一词已司空见惯，有关焦虑的种种现象也不再被看作病态。但我们依然很难定义它是什么，尽管从不同的学科角度我们可以生动形象地描绘出焦虑状态的样子，然而，若是想试图用陈述性句子来规范它的内涵，就会陷入自证的循环之中。

焦虑一词的英文是anxiety，而追溯西方焦虑意识的起源，我们可以追至文艺复兴中米开朗基罗在画作中隐约透露出的不安。仔细回顾文艺复兴的前因始末，人类可以很骄傲地说出这是一场人性意识的觉醒，人们开始关注自我，开始表达个性。人类整体不再是神明手下一个按照某种既定规律行动的细胞群——像大自然中的动物那样——而是思考真正的世界法则。在一次次对自我的审视中，焦虑被挖掘了出来。但在理性和实证主义盛行的文艺复兴中，任何模糊不定的东西都会被对事物规律性地期望而压制，焦虑的存在和真实性受到理性的质疑，人们不敢表达自己的焦虑，甚至不认为自己在焦虑。弗洛伊德在精神分析领域提出了焦虑，在《焦虑的意义》这本书出版之后，有关焦虑的讨论才逐渐丰富了起来。

罗洛梅将焦虑定义为，因为某种视为存在根本的价值受到威胁时所引发的不安，威胁可能是针对肉体的生命或心里的存在而来，也可能是针对个人认定的其他存在价值而来。这种不安不同于恐惧，恐惧往往有一个具体对象，但焦虑却模糊、缥缈、捉摸不定，我们甚至无法说出自己害怕的是什么。从意识层面来看，除了那种说不清道不明的不安感，我们与正常情况别无二致——不过生理指标却明明白白地出卖了我们，焦虑时，我们会口干舌燥，会饥饿疲惫，血压也会上升。它像是恐惧，又像是自卑，或者还可以解释成更多，它是一种尚未分化的情感，当这种情感有了具体的寄托，才会进一步分化为恐惧、期望等各种我们说得出名字的情感。

罗洛梅和弗洛伊德坚定认为成人的焦虑最初来源于婴儿的“出胎焦虑”，这是来源于与母体分离的焦虑，也就是人生中第一次体验分离的焦虑。他们强调出胎焦虑的重要性，指出当时害怕的是过早失去母亲或被迫与母亲分离，并因此失去相关的价值。然而，根据发展心理学的理论，婴儿在刚出生时具有人类的初级情绪，包括好奇、悲伤、快乐、恐惧等，却并没有提及焦虑。我们也知道婴儿有依恋和分离焦虑，但其分离焦虑只有在无差别依恋阶段，也就是六周之后才开始显现。婴儿是否出生即具有焦虑？或许分化的假说可以解释这种理论的差异，但就算有，这种出胎焦虑是否真的会影响人的一生？另一方面，我们知道婴儿会通过哭泣来表达自己的心情，但婴儿在出胎的时刻并不会立即哭泣（大多都是被护士打了一巴掌之后由痛觉引起的哭），如果他们真的感受到了焦虑，为何不通过哭泣来表达自己？关于焦虑的来源，深受弗洛伊德影响的罗洛梅并没有给出非常有说服力的假说。

尽管焦虑的来源依然没有被具体的实验证明，但罗洛梅在书中提出的焦虑的分类依然可以作为我们研究焦虑的参考。他将焦虑分为原始焦虑和神经性焦虑。原始焦虑是正常焦虑的共同形式之一，就是人类与生俱来的有限性，也就是人类面对自然力量、病痛、脆弱以及终极死亡的脆弱。而神经性焦虑则是，在个人无法适切因应主观而非客观威胁时，所发生的情况；也就是说，阻碍个人运用自己力量的，并不是客观上的脆弱，而是他内在的心理模式与冲突。

2. 焦虑的起源

罗洛梅说，当某些因素敲击了我们知觉经验的心理结构基础，即我们的自我得以与客观世界区隔的基础时，我们就会焦虑。

社会心理学也指出，每个人所认为的社会都是自我的构念，这是建立在个人经验和感知基础上的自我认知的社会。当威胁不再针对细枝末节，反而直指价值标准本身时，当我们的构念遭到质疑时，世界濒临崩溃，而我们也将无去无从，迷茫无助，恐惧便转变成深刻而普遍的焦虑，这就是使人感到“自我消解”的原因。焦虑没有特定对象的本质，是因为个人安全的基础受到威胁，而因为有此安全基础，个人才得以在与客体的关系中经验到自我，于是主客体的区分也因此崩解。值得庆幸的是，我们所在的社会往往也会有一个潜藏的普遍认可的社会构念，这个社会构念帮助我们在自己的世界崩塌时得以躲进另一个世界，从而免于焦虑的痛苦——相应的，我们便丧失了自己的个性，成为一个隐没于社会之中可有可无的一部分。

罗洛梅却没有这么乐观，他说：“在我们的个人价值与目标受到威胁时，我们便无法透过文化价值系统的参照，为自己指出方向来。”他认为，个人经验中的威胁，不只在挑战他能否达成目标，而是任何出现的威胁都在质疑他的目标是否值得追求——换言之，威胁成了针对目标本身的威胁。

总而言之，焦虑往往伴随着怀疑和不确定，即使是我们看起来很微小的焦虑，比如某次期末考前的焦虑，即使它表面上并没有否定我们的价值观和存在意义，也引起了现实自我与预期自我是否统一的不确定性的冲突。倘若我们意识到这一点，如果用有效的手段加以调节，问题便会得到解决，而如果用无效的手段，则只会让现实带来更强的冲突（如考试考砸），陷入恶性循环，最终引发精神类的病症。倘若我们没有意识到自己的焦虑，或者低估了它，它就会转换为疾病。

焦虑会诱发病症，生理学的解释说这是由于自律神经系统的平衡带来的。交感神经系统掌管加速心跳、提高血压、输送肾上腺素到血液等，与兴奋性的情感如愤怒、恐惧等联结；副交感神经系统则掌管消化、生长以及有机体其他“建构”功能，与平静性的情感如放松、舒适等联结。两方既互相对立又互相配合，当一方增强，另一方就会变得更强以求双方之间的平衡。我们害怕的时候会心跳加速，以便肌肉的供血充足，增强反应的灵敏和力量，与此同时，我们会感到饥饿。而从另一个角度，一些病症也可以反映出我们当前的焦虑水平。在一个对于胃溃疡的研究中，研究者惊奇地发现汤姆当前的情绪状态与胃部的活动频率强度有关，当他恐惧时，胃部的活动减少，而他焦虑时，胃部活动急剧增加——这与胃溃疡的症状完全一样。

有机体都被认为致力于解决某种冲突情景，冲突在主观上是焦虑，在客观上便是疾病。罗洛梅总结说，生病是解决冲突情境的方法之一。疾病是缩小自己世界的一种方法，随着个人的责任与担心的减轻，而比较有机会可以成功的因应情境。而当代人对于疾病的利用，正如同古人利用魔鬼一样。它是我们释放内心不安的一个媒介，因此，健康与疾病都是我们一生中，持续不断与周遭世界调和过程中重要的一部分。

然而，用生物学来解释焦虑的弊端是，我们总是轻易地将现象与某种病症结合起来，无中生有地产生一些焦虑，并将焦虑简单地看作一个生理现象。尽管在某种程度上，焦虑可以通过生理现象体现出来，但它们之间并不是简单的因果关系，生理指征也并不能完整地表现焦虑各个方面的指标，我们无法忽视焦虑对心理造成的可能的认知失调。焦虑在个体中的形成原因和表现特征，比生理特征更加复杂。

3. 认识焦虑、超越焦虑

尽管我们说焦虑并不是近代才出现的，它有着漫长的历史，但是不同时代的焦虑也是存在共性与差异性的。

前文提到，文艺复兴时期是焦虑首次被摆上桌面接受人们的议论。为何人们对焦虑的意识会出现在这个时期？罗洛梅给出了自己的解释，他认为“文艺复兴时期的人虽然战胜了不让人们有信仰自由的政教权力，但是严重丧失了信仰任何自然科学无法查证事物的能力”。这种“内在的压缩、冲动与恐惧”填补了消极自由所留下的真空，并导致人们失去了能够证明自我价值的评判机构，不确定性和价值判断出现带来了没人愿意承认的焦虑。为了避免孤立与焦虑，人们被唤起了变得世俗的强烈动机，但是它却会反向运作：个人从属的代价及时放弃自主性。

中世纪的个人奖赏是透过家庭、封建族群或教会组织，而文艺复兴时期的个人奖赏则是独立个体与团体的竞争所得。

我个人的观点是社会普遍的构念可以把人们从焦虑的状态拯救出来，但是倘若此人不信任这种普遍构念，或者这种构念并不稳定，那它的作用便不再显著。中世纪中驱散焦虑的理想与社会“信仰”，已失去作用，对于文艺复兴期间的人，只有那些依然愿意攀附在这些幻想上的人，它们才具有减轻焦虑的作用。对神的敬畏被理性主义取代，神的安排不再被信任和尊重，取而代之的是对自我力量和价值的追求。“以社群为自己名利竞技场的强势者，若被神化并视为理所当然，成功便注定会是竞争性的。整个文化系统都在奖励自我觉察，方法是要比他人优越或胜过他人。”

竞争带来了比较，比较意味着不稳定和冲突，引发了焦虑。失败所带来的社会责难和满足远远低于自我的满足，给人一种低人一等的无望感。更糟糕的是，罗洛梅在书中指出的“焦虑创造出敌意，破坏性则正是这个敌意的显明形式之一。更多的竞争与侵略，只会带来更深的孤立、敌意与焦虑”。我们可以从中推测这种焦虑的恶性循环会进一步加大社会内部的竞争冲突，人们的破坏性更强了。在此基础上，原有的一切规则都产生了变异。比如说，爱在曾经往往被当作减轻焦虑的手段来追逐，但当它是在泯灭个性的竞争架构下进行时，这样的追逐反而会增加孤立感和敌意，也因此会使人更加焦虑，最终引爆时代的不安。

不过，这一切并不会无休止地消极下去，罗洛梅在书的末尾依然保有乐观的预期，他认为科学与资本主义的发展，促成社会成就的关怀。自我因为社会威望而得以确立，紧张与焦虑更因为社会成就而得以减轻。

但罗洛梅或许过于乐观了，科学和资本主义恰恰带来了更加个人主义的比较。科学带来的理性思维让我们产生了对未知事物的焦虑——毕竟没有另一个神可以用来推脱所有无法解释的现象了。而资本主义更加强调了个人的成就和地位不是由天注定的，努力和天赋可以让一个人获得社会公认的成功。一旦人们开始思考“为什么我做不到”时，新的焦虑就此诞生了。

更值得我们关注的是，罗洛梅尽管也说“文化的矛盾与不一致当然会让社会成员在面对焦虑时更形脆弱，因为这将为个人增添更多难以决定行动方案的处境”，但这个问题显然没有受到他的重视。然而在罗洛梅留下这本著作将近七十年后的今天，这个问题必须得以重视，因为网络带来的社会多元化已经显现出来，并且正在逐渐塑造一个新的文化形式。这个新的文化形式具有极强的包容性，也意味着它内部具有极强的矛盾和冲突，这个情况在新文化形成的初期也就是现在尤为明显。

赫伊津哈指出：“所有的情绪宣泄都需要一套系统严谨的约定形式，因为没有这些形式，热情与暴力便会恣意破坏生活。”但全球化和互联网所带来的文化中，“约定形式”被遗弃，个性化被褒奖，每一种文化都想保持独立，但所有文化都互相渗透。我们完全可能接受一个与自己客观所处的文化完全不同的文化的理念教育，也因此被这种不确定的“约定”而冲击。近些年焦虑现象的愈发严重便是这个猜测最好的证明。

为什么我们总觉得别人的社交生活更丰富

| 高洁

你是否有过这样的经历呢？一个人在家窝在沙发上吃着零食，打开手机发现朋友圈里的朋友们参加着各种聚会各种局，羡慕别人丰富社交生活的同时，又感到深深的失落和沮丧，觉得自己的社交生活贫乏，没有朋友。

我们之所以在看到别人丰富多彩的生活时会对自己的生活产生怀疑，是因为我们无时无刻不在进行社会比较。**社会比较**（Social Comparison）是个体在缺乏客观条件的情况下，利用他人作为比较的对象，从而进行自我评价的过程。从他人的朋友圈了解到的他人的生活状态，很容易被我们作为比较的对象。

以往大量研究发现，人们在进行社会比较时存在自我增强（Self-enhancement）的倾向，常常对自己过度自信，认为自己比他人更聪明、更值得信赖、更有创造力、更道德、更健康、更快乐、更具领导力、更会开车、更擅长自己的母语，且人们认为他们对自己的评价比他人对自己的评价更准确等。奇怪的是，这种倾向并没有在对社交生活的比较中体现出来。

研究者通过让被试评估自己和别人在“社交梯子”上所处的位置来测量人们对自己和他人社交生活的看法，分数越高，代表社交生活越丰富。结果发现，人们对他人社交生活丰富程度的评分显著高于对自己社交生活丰富度的评分，说明人们倾向于认为自己的社交生活不如他人丰富。

除了梯子，研究者还通过测量人们对自己和他人距离“社交圈中心”的远近来验证，离圆心的距离越近，则离“社交圈中心”越近。结果表明，被试者认为自己比校友、Facebook上的朋友、亲密的朋友距离圈子中心更远，和同上一节课的同学离中心圈的距离相同，再次证明人们对自己的社交生活的态度比较消极。

前面提到，人们在关乎自我的社会比较中常常存在自我增强的倾向，那么为什么在评价自己的社交生活时出现反常呢？

研究者让被试比较自己与他人的社交生活，但并不记录比较的结果，而是要求被试依次写下最先想到的八名比较对象的名字，然后对这八个人的社交生活丰富程度进行评分。结果发现，被试对最先联想到的比较对象的社交生活丰富程度的评分最高，且回忆的顺序越靠后，被试评价的社交生活丰富程度越低。这说明当被试比较自己与他人的社交生活时，首先联想到的是那些社交生活更丰富的人。

随后，实验者操纵了被试在比较社交生活丰富度时联想到的比较对象，即让被试回想认识的人中“社交生活丰富”“独具魅力，在人群中总是能够发光”“总是在与他人社交”的人或“社交生活贫乏”“常常回避社交场合，害羞，且掉进人堆就找不到了”“看起来只会一个人宅在家里”的人，发现只有明确要求被试回忆社交生活不如自己丰富的他人时，被试才会对自己的社交生活丰富程度持乐观的态度。

这两个实验的结果证明，被试对自己社交生活丰富程度的消极态度是由于社交生活丰富的人易得性更高造成的。当人们评估自己的社交生活时，并不会对他们的社交情况做代表性的取样调查，而是会将自己与一种在心理上更易得的“社会标准”进行比较。这些“社会标准”往往来源于如社会名流、领导上司等社交活动丰富的特殊群体。此外，社交网络媒体中热衷于分享动态的人往往都是比较活跃、善于社交的人，而内向、不善交际的人则很少在朋友圈发布动态，常常被我们忽略，因此我们便会形成他人比自己更擅长社交的印象。

除了社交生活丰富的比较对象更易得外，有关社交活动的动态内容也更易得。你可以通过社交媒体知道爱热闹的室友举行party，却不知道安静的室友在学习，所以常常会高估前者的概率，低估后者的概率。

毫无疑问，当看到他人的社交生活比自己更丰富时，我们会感到孤独和沮丧。研究发现，当我们进行比较的对象是那些社交生活丰富的人时，我们的幸福感会降低。尤其是随着社交媒体的发展，我们更容易接触那些社交生活极端丰富的人所发布的动态，感到自己社交生活的贫乏，从而产生孤独感，生活满意度降低。有研究表明，随机选取被试，要求他们停止使用facebook一周，他们的孤独感显著下降，生活满意度也显著提高。

怎样做才能减少和消除这种社会比较所带来的负面结果呢？

我们无法要求他人不在社交媒体上发布动态，但我们可以减少自己浏览社交媒体的频率，没有对比就没有伤害。此外，我们应该把重心放到实际生活中，关注与身边人的关系，而不是过度沉迷于社交网络媒体中那些社交生活极为丰富的social butterflies（交际花），幻想拥有和他们一样的人际圈子。想想身边关心我们的人，想想自己做过的有意义的事情，我们的生活也并不是那么贫乏的呀！即使没有那么广的社交圈子，那么多的社交生活，我们一样可以拥有幸福的生活。

长大以后：加油吧，少年

王翊檀

小时候的你有没有想过长大后的职业？你喜欢什么样的工作？

做一个照顾病人的护士，还是一个搭建高楼的建筑师？

男孩和女孩偏爱的职业有没有不同呢？这种偏爱是天生的，还是也会被后天塑造呢？选择喜爱的职业的时候，对性别的认同会不会影响决定呢？

比如，你有没有听过大人说——“女孩子当老师多好”，或是“男孩子做建筑师一定会很出色的”？好像女孩子更适合去施展自己的温柔和关爱，男孩子更适合去发挥自己的理性与创造力似的。

在人们眼里，职业是不是分成了男性化和女性化呢？比如建筑师、工程师是更需要理性和严谨的职业，护士、化妆师是更需要温柔和细心的职业，前者所需要的品质与男性的典型品质匹配，后者所需要的品质与女性的典型品质匹配。这样的观念会对那些想要从事男性化/女性化职业的女孩/男孩带来什么样的影响呢？会让他们放弃自己本来的偏好，而向自己性别的职业靠拢吗？

劳工市场中就存在一种性别隔离现象，即男性和女性在不同的领域内工作，男性主导着建筑、工程领域；女性则主导着养育领域。瑞典就是劳动力市场性别隔离非常严重的地区之一。有人说这是性别歧视造成的，而事实是瑞典是一个性别很平等的国度，女性福利也非常优渥，享有产假和种种优惠。瑞典学者萨曼莎·辛克莱（Samantha Sinclair）和理查德·卡尔松（Rickard Carlsson）为了探究这些问题的答案，以性别认同为切入点，做了一项有趣的研究。

性别认同威胁理论认为，受到性别威胁的个人将试图恢复他们的性别地位，做出性别刻板印象的行为。比如，有人对一个男孩说："你怎么一点男人味都没有！"男孩很可能会表现得更具攻击性，展露男子气概来证明自己。

青少年对性别身份的威胁和担忧尤其普遍，如性骚扰、性谣言、性别隔离的同伴群体会格外强调性别规范等。一种避免被同辈人评判为异类的方法，可能是在一个更加性别刻板的方向上调整自己对职业的偏好。

此外，瑞典的青少年在十五岁时必须做出未来发展方向的决定，即他们接下来的三年的教育是否会为大学的研究做准备，如果是的话，这些研究是在艺术还是科学领域，或是直接学习一个特定的职业（如理发师、电工），在考虑自己的身份时，青少年最常参照的是学校和他们（未来）的职业。也就是说，青少年是职业生涯的关键起点，在这个年龄段做出的选择对未来的性别隔离有着重要的影响。

萨曼莎等人想要探究是性别认同威胁对职业偏好到底有着怎样的影响，并且这种威胁的影响和能力威胁的影响有没有相似性呢？

于是他们选择以瑞典十五岁左右的青少年为研究对象，设计了一个2（能力vs性别）×2（威胁vs肯定）的实验，孩子们被随机分为四组，在课堂上接受了如下测验：

（1）操纵任务（manipulation task）

◇ 威胁条件下的被试被要求列出十个事件/行为，而肯定条件下的被试则被要求列出二个事件/行为，三分钟内完成（列出事件的数量是经过预实验后确定的）。

◇ 威胁性别认同感组的指导语是："列出十件近一个月你做出的男性化/女性化行为，你这个年纪的大部分男孩/女孩可以列出十二件"。

◇ 肯定性别认同感组的指导语是："列出两件近一个月你做出的男性化/女性化行为，你这个年纪的大部分男孩/女孩只能列出一件"。

◇ 威胁能力感组的指导语是：“列出十件近一个月你做出的让你感到胜任感的事件，你这个年纪的大部分男孩/女孩可以列出十二件”。

◇ 肯定能力感组的指导语是：“列出两件近一个月你做出的让你感到胜任感的事件，你这个年纪的大部分男孩/女孩可以列出一件”。

之后使用七点量表分别测量了孩子们的职业偏好、性别认同关注度和任务难度。

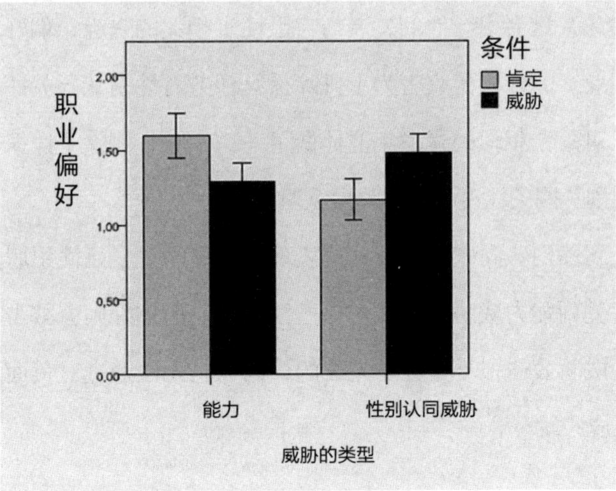

图 性别认同威胁与能力威胁的不同效应

（2）实验结果表明：男孩和女孩感兴趣的职业的确有显著差异，女孩通常比男孩兴趣更广泛，感兴趣的职业更多，因此男性化职业（如建筑师、工程师）比女性化职业（护士、美容师）受到了更多的欢迎。

该结果有两个解释：男孩比女孩有着更强的性别刻板印象，如女孩对“女孩去做拳击手”的接受度比男孩对“男孩去做芭蕾舞者”的接受度要高；另一个解释是两个性别对男性职业都有着普遍较高的兴趣。

男孩对男孩和女孩对性别认同的关注度没有差异，且对性别认同的关注度能够预测职业偏好——一些青少年对性别认同有着长期的关注，这会引导他们发展与自己性别相关的兴趣，偏好自己性别的职业。此外，研究者为了排除操纵任务对性别认同关注度的影响，又对一个相似的青少年群体做了一次实验，删除了操纵任务，发现性别认同关注度不是实验操纵的结果。

受到性别认同威胁的被试对表现出更多的对自己性别职业的偏好，而受到能力威胁的被试对自己性别职业的偏好则会减少。性别身份的威胁效应似乎是独一无二的，因为它无法通过对负面反馈的一般反应来解释。

3. 实验结果给我们的启示

如果青少年在性别认同受到威胁时，做了更多符合自己性别的典型选择，这些威胁效应很可能会对劳动力市场的性别隔离产生真正的影响。比如一个喜欢化妆的男孩受到了“娘娘腔”的指责，他很可能会放弃自己的爱好和职业，而去选择“男子气概”的职业，坚持爱好对他来说会变得艰难。

当然，性别认同只是对性别隔离研究的一个切入点，造成劳动力市场性别隔离的原因有很多，比如女性需要生育孩子，这是一个需要耗费大量时间、精力和体力的任务，很多高强度的工作岗位会更加偏爱招收男性；瑞典对女性的高福利（如产假、减少工作时间等）也会让岗位更多的拒绝女性，因为男性会带来更多的生产利益。

但本研究也启示了我们，如果我们的目标是一个性别比例更加均衡的劳动力市场，我们一定要关注男孩和女孩的性别认同，因为今天的青少年就是明天的劳动力市场，青少年能够自由选择自己热爱的事业对他们和社会来说都是一种福祉。

生于不同舞台，履行不同表演：自我呈现的跨文化比较

| 刘耔含

曾经听过一句很有名的诗。

“你站在桥上看风景，看风景的人在楼上看你。明月装饰了你的窗子，你装饰了别人的梦。”

还记得当时讲诗的人说，这句诗的最美之处在于，看风景的人毫不经意地装饰了别人的梦。

——“这很难得，因为表演‘自己’已经烙印在我们的骨血当中了。”

社会学家高夫曼（Goffman）则以不同方式阐释了同样的观点。

“就如同一个人的真诚与直率或许出现过一瞬间，而当它要变成一种稳定的外显的人格品质时，依然需要按照表演的一系列程序，将其戏剧化和理想化。”

同时，这种“表演”并非完全自主的。我们每个人，都像是在不同文化背景下的酒中浸泡的药材，汲取酒中的千般万种滋味，之后也难免在酒力的驱使下幻化为各式各样的姿态。

最为简单直白的体现就是，我们发出自拍时难免会调尖下巴、放大眼睛，ins里的异国美女则是会修饰身体轮廓与肌肉线条。

文化背景因素就像集体无意识一样根植在我们内心最深处，和本来的愿望相互作用。当我们穿好戏服，黑暗里的幕布后就会递出一本被文化润饰过的剧本。

于是，我们走上舞台，灯一开，或鞠躬如仪，或桀骜难驯，表演开始——

1. 自我呈现：社会互动如戏剧，每人扮演一个行当

我们并非每个人都是专业的演员，但在这贯穿一生的表演中却也一向不遑多让。这种表演就是所谓的**自我呈现**（self presentation），或者说**印象管理**（impression management），具体指的是一系列旨在创造、修饰和保持他人对自己印象的行为。

这个概念最早来自高夫曼提出的拟剧论。在他的观点中，社会互动的本质和戏剧表演基本相同，社会中的每个人都是在扮演一个“行当”（line）。所谓行当，就是对于言语和非言语行为的一套细

致选择。个体在互动中的兴趣来自控制别人的行为，使对方以自己期望的某种方式理解行为，进而做出符合自己计划中的行为反应。

遗憾的是，作为一位社会学家，Goffman更多地关心的是自我呈现在社会现实建构中的作用，而忽视了内部心理因素在符号式社会交往中的重要性。受这种思想的影响，他对自我呈现的探索只局限于欺骗性和防御性的个体行为之上。这种理解如同隔纱观美人，处于较为宏观概括的水平。

而鲍迈斯特（Baumeister）在这一基础上，将自我呈现从社会互动中的特殊行为拓展为一种更为根本性的人际过程。在这一过程中，我们利用行为去沟通关于自己和他人间的一些信息，从而建立、维持或精炼他人心目中的我们的形象。

利瑞（Leary）和科瓦尔斯基（Kowalski）在1990年综合过往有关自我呈现的研究，并从中提炼出两个最为普遍和关键的成分。

◇ 印象动机：个体试图控制他人对自己的印象的愿望和动机，是一种内部心理倾向性，受目标关联性、所期望目标的价值、期望形象与当前形象差距的影响。这种动机主要包含三类成分：获得所希望的社会或物质结果、自我提升、塑造一个符合期望的公众形象。

◇ 印象建构：个体决定给他人产生什么样的印象，并如何产生这种印象，我们所采取的行为更多地被自我概念、角色限制、受赞许的社会形象等因素限制，例如B君打算在与老板的交往中通过“讨好”行为展示自己的可爱之处。

这种自我呈现的两成分模型得到了广泛的接受与承认，但具备某一方面的动机并不足以预测与之有关的行为。例如我们很可能很想给别人留下精明强干的良好印象，但是由于个性特点抑或周围环境的影响，我们往往羞于采取诸如主动表现等的印象管理策略。相应的，我们也可能在某种社会规范的内化作用下无意识地完成某种印象管理策略。

社会使我们成为当下的“我们”。因此，当我们深入探究自我呈现时，社会背景中的文化因素就成了一道必经的关卡。

2. 文化根源：一场个体主义与集体主义的碰撞

和我们朴素认知相一致的是，不同文化背景下自我呈现的差异要上溯到个体主义与集体主义的价值取向。

东方文化强调集体主义，人们拥有的是相互依存的自我观，更习惯于用自己和他人的关系定义自我，因此所作所为会受到他人的想法、感受和行动的影响。这种相互依赖的情形也使得人们更希望通过一些努力来维持和睦的关系与氛围。而西方文化与此不同，它强调个体主义，人们也更倾向于用自己的想法、感受和行动定义自我。在这种文化取向下，人们也更认可和尊重独立、有个性、有能力的人。

这种观点在一系列实证研究中也得到了支持。施伦克尔（Schlenker）在20世纪70年代的研究比较了中美被试在自我呈现中的价值取向，结果显示美国人对于自我呈现的两种普遍取向是能力与人际关系，而中国人则是社会道德和人际关系。

在奥克艾（Ochiai）一项有关语言学习的研究中也发现，美国人在学习第二语言时注重实效，稍有进步时就渴望表现自我的提高，常常会犯“注重实效的错误”；而作为东方文化代表的日本人则更多地考虑他人感受，并且会认为美国人过于夸耀自己、具有攻击性。

儒家文化的影响使得东方人更加强调自我积累，赞赏更为稳重内敛的个体形象；而基督教文化影响下的西方人渴望展现自己，偏好有想法并愿意表达的个体形象。不同文化积淀对于个体在试图进行自我呈现时的内部心理倾向也会产生各个层次的影响。

◇ 行为目的不同：不同国家、不同文化下个体进行自我呈现的目的本身存在差异。西方文化中，人们进行自我呈现往往是为了突出自己的独特性，显示自己独有的价值和存在感；而东方人则更多地旨在维护自己的面子，更好地与他人和谐相处，更好地融入集体。

◇ 情境启动效果不同：不同情境对自我呈现的启动效果不同，这与所属文化背景的价值观、刻板观念等有关。Hippel等人招募了白种人和亚裔作为被试参加了一个智商测验，控制条件是所有被试最终都只得了八十分，但两类人对此的反应却存在显著差异。

相比于亚裔，白种人更可能通过否认智商测验的重要性完成自我呈现。这是因为“白种人更不聪明”这一刻板印象的存在，使得他们在此情景下进行自我呈现的动机更为强烈，有更强的意愿塑造自身聪明的形象。

3. 策略使用：你，愿意带上哪个面具

事实上，这种文化根源上的不同不仅决定了自我呈现的意图和动机，而且也最终体现为对于自我呈现策略采择上的差异。

相比于东方人，西方人更多地使用自我提升策略。扎伊德曼（Zaidman）针对同一家公司的研究结果显示，职场中的大部分以色列人都选择不使用印象管理策略或仅仅使用专注任务本身的自我呈现策略，而大部分俄罗斯人都倾向于使用诸如展示自己工作能力等自我提升类的自我呈现策略。

而一项针对东西方学生的研究也发现，当北美被试和日本被试同时被告知自己在创造力测验中成绩很差时，北美大学生会忽视这

种负面信息，而只保留对他们予以肯定的反馈，并继续从事能得到肯定的活动，并在后续活动中采用自我提升的策略，不断展示和加强自己的优点和能力。而日本学生则会保留负面信息，并进行自我改进，采用自我批评的策略，承认自己的缺点和不足，在不断地取长补短中奋进。

4. 重新追溯内在差异：国人的内隐自我提升

然而，自我提升作为社会比较中保持自尊的最为常见的一种方式，是否真的在东方人的生活中惨遭弃置？

答案是，不然。

虽然东方人使用自我提升策略的外显行为比西方人罕见得多，但在内隐的自我提升方面却相差无几。

内隐的自我提升指人们会不由自主地把自己与积极事件联系在一起，这种自动化的联结又会进一步促使人们对其他任何跟自己有关的事物都产生积极的情绪反应。

一项针对中国青少年的研究发现，当被试在完成任务后需要对自己与搭档进行比较，并从中选择造成任务结果的原因（即处于人际比较情境）时，青少年被试没有做出自利或自贬归因。但当实验者告诉被试，他将与另一个人共同完成一个任务（一半被试的搭档编号是与被试生日相同的，另一半是不同的）时，结果发现被试对编号与自己生日相同的搭档评价更高。这说明即使在东方背景下，个体自我提升的内隐动机依然存在。

我们并非不愿意肯定自己，只是会更倾向于不把自己积极方面的评价流露在表面，因此东方文化背景下的自我提升就染上了人际性与隐蔽性的色彩。

5. 我的感悟：文化指向殊途，期望引领同归

当我们重新思索自我呈现的目的时会发现，说到底，我们都是想成为别人心中那个更好的自己。只是这种“更好”却常常以一种模糊的形式存在，要强势还是温顺，积极表达抑或懂得倾听。

而文化的力量则更多地在恰当的时候为我们指出了一条更为合适的路。

它并非直接告诉我们如何进行自我呈现，而是以一种潜移默化的力量，同我本身的人格特质与情景要求完成了一场博弈与权衡，为我塑造出了一个量身定制的剧本。

这与高夫曼说的欺骗性行为不同，因为经过自我呈现修饰后的形象同样凝练着“我”的人格与思想。譬如，A君是一个宜人性很高、乐于帮助别人的小天使，但A君却并不乐意把辛苦劳动后的

作业成果借给他人。而东方文化下对于人际关系的看重使得A君忍痛分享了作业。——所以于我而言，自我呈现的本质同样是真实的自己，只不过是一个依赖于具体情境与社会而生存的更加栩栩如生的自己。但一切都在全球化的漩涡之中，自我呈现似乎也难逃这个宿命。

当我们重新通过社交网络来窥伺个体的自我呈现策略时会发现，自我呈现的文化差异本身似乎也在消弭之中。当开放自信成为社会的主流需求时，国人内隐的自我提升也逐渐流露于形。当人际交往作为一种能力被屡屡提及时，西方人在积极自我展示时也会将旁观者的感受纳入考量。

社会期望的跨文化融合，全人教育的传播，以人为本和以社会为本两种不同理念的交叉，让自我呈现的文化标签不再那么清晰，我们登上舞台前拿到的剧本也愈发脱离文化特异性。

但文化之间的不同从来不是为了被刻意彰显而存在，它只是让不同社会背景下的自我呈现有了更丰饶的营养，从而让我们有方向，成为别人眼中更好的自己。

爱是一种决定：读《被讨厌的勇气》

| 周婧怡 杨娜 王麒钧 庆美 范婷婷

《被讨厌的勇气》这本书在讲什么？

本书不是一本理论书，它更多的讲的是“如何获得幸福”的问题。“如何获得幸福”是每个人的人生命题，《被讨厌的勇气》可能给不出标准答案，但至少提供了一些切实可行的方法。本书主要分为五章，主题依次为目的论、自卑感、自由、共同体感觉与如何获得共同体感觉。

阿德勒心理学的根基在于目的论，即人做某件事、有某种观念是因为他有这么做的目的，由此得到了“人是可以改变的”这个答案。随之而来的问题“那人讨厌自己的目的是什么？”的答案则是人际关系。人际关系中的人际比较带来自卑感，并进一步导致自卑情结和优越情结。在之后的三章中则讲述了如何具体克服人际关系带来的烦恼。

1. 五夜：追问与思考

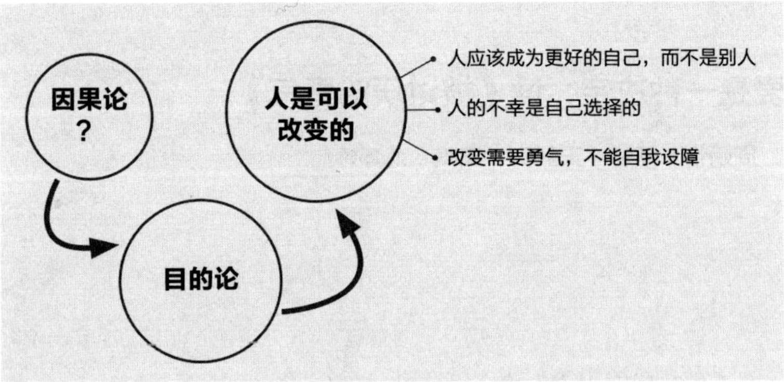

第一夜：缘起

◇ 行为本身只是达成目的的手段，通过改变目的或者改变手段，就可以达到改变一个人的目的。

◇ 人要学会改变为自己想要的样子，而不是别人的样子，这需要勇气。

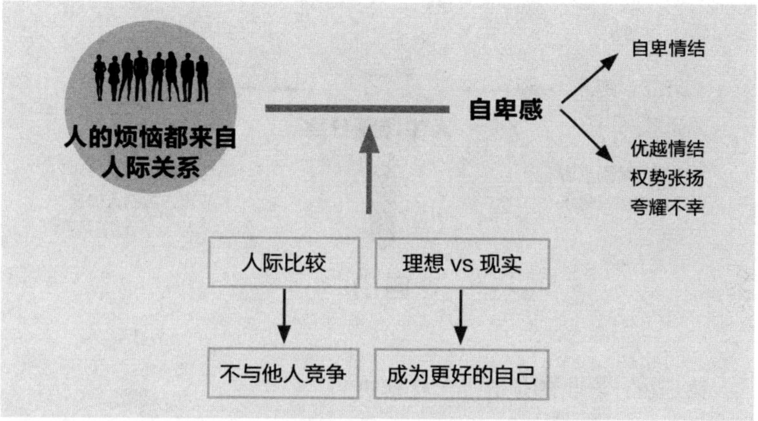

第二夜：人为什么会产生烦恼？

◇ 人的烦恼来源于人际比较以及理想与现实的落差，这会产生自卑感。

◇ 学会不与他人竞争，专心成为更好的自己，这样就不会那么烦恼啦！

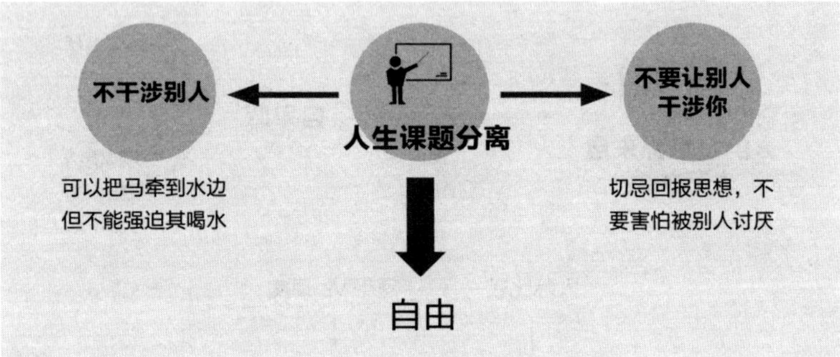

第三夜：产生的烦恼要怎样解决？

◇ 我们要学会不干涉别人，可以提建议，但不能强制要求。

◇ 我们要学会不接受干涉，可以听建议，但一定要是自己的选择。

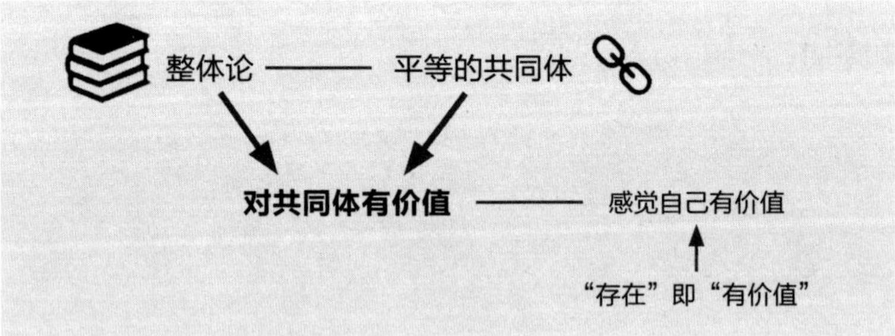

第四夜：我们要如何与别人产生联系？

◇ 每个人都是平等的，共同组成一个共同体。

◇ 感到对共同体产生价值，就是有价值的——存在即有价值。

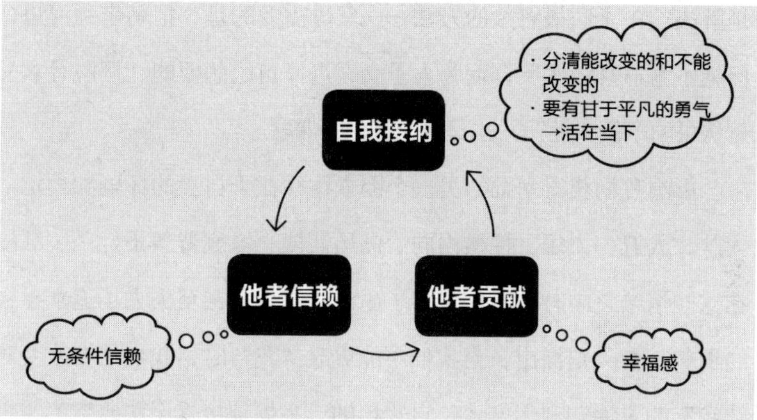

第五夜：共同体到底是什么？如何形成？

◇ 自我接纳，改变能改变的，甘于不能改变的。

◇ 学会无条件信赖他人。

◇ 学会从对他人的贡献中寻找幸福感。

2. 我们从中能获得什么？

对很多人来说，生命中最温暖幸福的感动来自父母，但同时最深刻的烦恼和负担也来源于父母。讲不清的道理，说服不了的执着，放不下的“孝顺”，让我们在亲子关系里充满纠结和不安。我们可以寻找问题发生的原因，比如代沟，比如沟通的缺失，而这本书则提供了一个新角度的“人生课题”，而学会“课题分离”可能是解决这一矛盾最有效的方法——父母需要的是“把马带到河边，但绝不强迫其喝水”；而为人子女，选择自己想要的、摆脱寻求父母认可的“倾向性”，才是属于我们的课题。

影响我们获得幸福的另一个因素往往在于自我的怀疑和否定。太胖、太丑、太笨，性格内向、阅历浅薄、家庭背景不好……沉浸在这些情绪之中时，我们失去了生活的快乐，甚至失去了追求幸福的勇气。哲人则提出，当我们不能更改“我”时，我们需要改变对“我”的看法和利用方式，自我接纳，平静地接受无法改变的，勇敢地改变我能改变的。不对自己撒谎，是我们需要获得的勇气。

3. 这本书为什么这么成功?

《被讨厌的勇气》可以说是大受欢迎，尤其是在年轻群体中更是广为流传过。这一本书为什么这么受欢迎呢?

首先，新颖的对话体写作方式。“青年”找到“哲人”采访，从读者的角度来不停提问，并充分投入感情，使内容更加戏剧化。这使读者产生代入感，能够更加顺畅地感受到作者希望表达的意思。

第二，结合实际，引起共鸣。《被讨厌的勇气》并不是一本心理学理论书，而是一本自我启发书，它更多地把阿德勒心理学理论和实际例子结合起来，尤其又与现代人的生活贴合紧密，使人感到其中所讲述的东西就是自己的生活。

4. 总会有点不足吧?

人无完人，书无完书。即使《被讨厌的勇气》获得了巨大的成功，它也仍然存在一些不足，从内容上主要可以分为以下三点：

首先，观点过于理想化，难以实际操作。第一，这种理论没有考虑现实中关于“权力”在行为中的作用，即使想要追寻内心的自由，但很多情况下身不由己，为了生存也只能选择妥协。第二，书中除了向内的建议——听从本心之外，还有向外的建议——不评价他人，当众人都追寻自己的本心时，也就没有人去评价他人了，但事实上社会存在着法律、道德等约束，这些约束本身就是一种评价，因此，即使跟从本心行事，也依然需要受到外物的影响。完全的自由是不存在的。

其次，对于不同的人来说，幸福的标准可能不同。书中提出：幸福来源于贡献。但事实上，有的人可以从内心获得历练，眼看着自己的进步、实现自己的目标即可以感受到幸福，并不一定非要寻求对外的奉献感。也许在进步与自我实现的过程中会伴随着对外界的贡献，但幸福的原因并不仅限于此。

另外，书中所提倡的自由是建立在个体自发的行为能为社会的发展带来活力的基础上的，但事实并非如此。例如反社会型人格患者，其遵循本心的行为可能就是危害社会以实现自己的价值，那在这种情况下，是否可以让其遵循本心去追求自由呢？

除了上面三点关于书籍内容上的不足，这种新颖的形式也会带来一些不便：

书的形式新颖，以对话形式呈现，但这种形式同样也限制了读者的思维，当读者所感兴趣的问题与书中提出的问题不一致时，读者会感觉到阅读不顺畅，或者自己所希望解决的问题没有得到解决。这种形式可能会影响读者的阅读体验，使读者需要改变自己习惯的阅读思路来适应本书。

无论行与不行，作为一本心理学的大众读物，《被讨厌的勇气》无疑是成功的，这也是它独树一帜的写作方式与呈现的内容所导致的。对于那些深陷于人际关系或者他人评价的影响而无法自己做出决定的人来说，这本书非常值得一看！

Part 03 爱与不幸，都是成长

遇到爱不稀罕，稀罕的是遇到理解

范奕敏

1. 爱情中的积极错觉

从小我就懂得保护自己，我知道要想不被人拒绝，最好的办法就是先拒绝别人。

——王家卫《东邪西毒》

不知道有多少对情侣吵架时，一方会先抛出一句“你以前不是这样的”，从此打开战局。紧接着可能就是一连串的吵架金句，有三句可以登上荣誉殿堂，它们是“你以前很迁就我的”“我怎么没发现你是这样的人”，以及“这日子没法儿过了”。那么为什么会出现这种我觉得我的男朋友或者女朋友“变”得和以前不一样了的情况呢？

这一切都来自恋爱初始时，每个人都会产生的一种心理现象——爱情中的“积极错觉”，即每个人心目中都有一个理想的恋爱对象，这个理想对象是由个体的自我投射作用形成的，然后又把理想对象的特点投射到现实的恋爱对象中，因此被投射的现实对象也就是被理想化的对象，并且这种积极错觉有助于增强恋爱双方对恋爱关系的满意度。

2. 情人眼里出西施

一个人自以为刻骨铭心的回忆，别人也许早已经忘记了。

——张小娴《流波上的舞》

用我们都很熟悉的一句俗语来表达这个意思就是“情人眼里出西施”，也就是在恋爱初期的时候，我们会倾向于用理想化的方式看待我们的恋人，这个理想化的形象往往是个体理想自我的一种表现，这个理想对象在我们自己看来是高于自己印象的，也是高于现实对象的。现实对象并没有理想对象的完美性，他或她是存在优点也存在缺点的。

因此，在我们用理想化的方式看待他或她时，我们会倾向于强化他或她的优点，而弱化他或她的缺点，恋人在我们心里被塑造成了一个积极的形象。我们会认为恋人是最好的，也是对自己最好的人。以我的比喻来说就是，我们看待恋人时仿佛戴上了“五百层滤镜”，我看着他或她的时候，好像他或她身边都是飞着的粉红小心心。

3. 用善意的方式看待不完美

> 雨声潺潺，像住在溪边。宁愿天天下雨，以为你是因为下雨不来。
>
> ——张爱玲《小团圆》

不知道你有没有发现，我上面提到爱情的积极错觉时用了一个定语——“恋爱初期”。是的，有研究发现积极错觉在短期内对恋爱关系的满意度的确是有加强作用的，但是随着恋爱时间的增长，这种作用会逐渐减弱，甚至会起到相反的作用。这也就解释了为什么会有人问出那句“你以前不是这样的”（因为他可能原来就不是这样的）！那么，当我们发觉恋人和我们以为的他或她不一样时，这种落差感就必然会造成一拍两散吗？

并不是，实际上我们愿意以积极的方式去看待另一半，是我们希望能够维持这段关系的表现。如果我们的积极错觉并没有脱离现实，而是在不完美现实的堆积时，我们仍希望用善意的方式去看待不完美，那么这样的积极错觉是对恋情非常有益的。

4. 愿你也能成就自己的理想爱情

想人间婆娑，全无着落；看万般红紫，过眼成灰。

——慕容雪村《原谅我红尘颠倒》

有研究者在一年中测量了三次几对恋人的理想化与幸福感，研究发现，理想化有自我实现的作用，对恋人有理想化的情侣，尽管他们之间会有争吵发生，他们的恋爱关系也会持续得更久，并且一年间他们报告的恋爱关系满意度有所增高，情侣间冲突有所减少。研究者总结道，用理想化方式看待自己的恋人的人实际上造成了他们心目中理想的爱情故事。

13世纪末的意大利诗人但丁曾经说过："爱情使人心的憧憬升华到至善之境。"（Love the people are looking forward to raising it to the Habitat for Excellence.）

当我们对彼此心动的时候，我们带着对爱情的憧憬和无限的美好想象，那一刻我认为你可能会是我的完美的一半，我好像是被丘比特的爱情之箭射中了，抑或路过的天使洒下了爱情的魔粉。如果爱情本就是憧憬和憧憬的相撞，那么我们就让它更加奇妙吧。

我希望能和你慢慢地走下去，直到这一路都发亮发光。

——刘同《你的孤独，虽败犹荣》

你是我只敢在夜里想起的人

陈梓欣

1. 我想靠近你，但又怕被拒绝

“我注意他很久了，他篮球打得很好，长得高，也很帅气。但我长得不好看，也不健谈，我害怕他会不愿意和我做朋友……”

开始一段新的关系总是充满风险的。当你好不容易鼓起勇气上前表达自己的结交意愿，却被对方拒绝，无论他的拒绝是委婉还是直白，这种尴尬谁都不想体验。我们都害怕在人际关系中被他人拒绝，被拒绝的风险也总是存在的。可似乎有些人总能轻松地结交到新朋友，而有些人却总觉得交朋友是一件很困难的事。

为什么人与人之间会有这样的差别？其中很重要的一个因素，就是自尊水平。自尊研究者发现，低自尊者会认为他们不善于结交新朋友，并且难以开始一段新的人际关系。

2. 为什么低自尊者很难开始一段新的关系

（1）“我是一个内向的人”

低自尊者的人格特质倾向于内向，他们害羞而腼腆，并且更可能感到社交焦虑。而高自尊者则与那些能使他们的社交生活更加顺利的人格特质相关，比如高外倾性。

（2）“我没有社交上的优势”

相比于高自尊者，自尊水平较低的人并不认为自己拥有能迅速吸引他人的特质。这些特质包括有魅力的外表、社交技巧和受他人欢迎。正如文章最开始的那一段自述，低自尊者会认为自己长得不够好看，不善于和人交谈，也不是一个受欢迎的人。然而，低自尊者认为自己拥有这些社交上的缺陷，并不意味着他们在贬低全部的自我，在“善良”“诚实”等公共特质的评价中，他们与高自尊者的评价同样乐观。

（3）“我并不觉得Ta会接受我”

当与陌生人相处时，低自尊者会对自己的社交缺陷格外敏感，他们会非常在意自己的外表、社交技巧等这些能迅速吸引他人的特点。但与此同时，他们也清楚地意识到，自己并不拥有这些社交优势。因此，他们会降低自己被对方接受的期待，并且低估对方对自己的接受程度。

研究者设计了这样一个实验：研究者要求被试在镜头前录下一段自我介绍，而这段自我介绍将播放给隔壁房间内的一名非常有魅力的单身异性，接着他们将看到这名异性的反馈录像。在高接受度组中，被试看到的反馈录像中包括了高接受程度的言语和非言语线索，包括微笑、目光的接触，以及结尾处的一句“我希望能再次遇见你”。研究结果显示，在相同的接受程度条件下，低自尊者感知到的接受程度显著低于高自尊者。

内向、认为自己缺少社交优势的信念以及对接受的低期待这三个因素在一定程度上阻碍了低自尊者开始一段新的关系。然而，这些因素并不能完全阻止他们认识新的朋友，因为人类有很强烈的与他人产生联系的需要。面对这种冲突，低自尊者具有明显的回避和自我保护的倾向，他们使用多种策略来尽可能地降低自己在开始新的关系时被拒绝的风险。

3. 低自尊者使用策略有哪些

（1）拒绝加入团体或个人

在没有明确的接受信息的情况下，低自尊者对他人接受自己的期望值很低。低自尊者对他人接受程度的低期望，使得他们在面对被他人拒绝的可能时，会设置一个较低的社交风险上限。因此，不愿意冒被拒绝的风险的低自尊者们，在面临是否加入一个团体或者与某人相处一段时间，而这个团体或个人对他们的接受程度不明的情况时，会做出自我保护倾向的决定，即他们会有更大概率拒绝加入这个团体或个人。

另外，一项研究表明，当接受信息为拒绝时，90%以上的低自尊者不会选择加入拒绝他们的团体，而明显的接受信息则会让低自尊者克服进入新关系的犹豫不决。而高自尊者则与此相反，即使在面临明显的拒绝信息时，依然有接近一半的高自尊者选择加入拒绝他们的团体，因为他们相信自己有能力让这个团体改变看法并重新接受他们。

（2）收集更多信息了解对方

想象以下情境：A对B一见钟情，想邀请B一起外出吃晚餐，但是A不确定B在完全不认识自己的情况下，是否会接受自己的约会邀请。

毫无疑问，这是一个有着很高的被拒绝风险的情境。在这个情境下，不同自尊水平的A会有完全不同的策略。在浪漫关系中，当高自尊者被某人吸引时，他们会采取直接的、冒险的策略。比如，高自尊的A会直接对B提出约会的邀请。而低自尊的人则会采取更加保守的策略。低自尊A会间接地从不同渠道了解B的喜好，比如B爱吃什么、喜欢去哪个餐厅等。他们需要这些信息来了解对方，以在提出邀请时降低自己被拒绝的风险。然而，就算低自尊者们收集了很多信息去了解对方，他们也很难迈出发展这段浪漫关系的第一步——邀请Ta去约会。

（3）表现得冷淡一些

当我们结交新朋友时，我们会通过微笑、时不时的眼神接触以及问一些关于对方的问题来表达我们的热情和对对方的兴趣。然而同时也有另外一种自我保护的方法，以降低如果感兴趣得不到对方的同样回应的讽刺感——表现得冷淡。

当人们想被接受时的反应的差别，远大于人们预期被拒绝时的反应。研究表明，当人们的预期是被拒绝，不论是低自尊者还是高自尊者，都对拒绝表示接受良好并坦然处之。然而，当人们想被对方接受时，高自尊者会有更多的微笑以及更频繁的眼神接触，来表达自己的热情和结交意愿。而低自尊者对接受的低预期，则使他们压抑自己的热情，表现得冷淡一些。这样，如果对方对自己并不感兴趣，自己也不会感觉特别丢面子。

（4）探测接受的线索

开始一段关系具有一定风险性——被接受或被拒绝，这两种不同的结果会导致自我价值感的提升或降低，因此，会引发人们自我增强或自我保护的不同动机。通常，高自尊者激活自我增强动机，而低自尊者则激活自我保护动机。在面对较高的被拒绝的风险时，高自尊者激活自我增强的动机，他们会接收到更多的被接受的线索，并且正确估计自己被接受的程度。而低自尊者则激活自我保护动机，他们接收到的接受线索显著少于高自尊者。

低自尊者不愿意寻求新的社会关系，除非他们能保证自己被接受，并且他们也很容易怀疑别人对自己的接受程度。这看起来低自尊者比高自尊者拥有更少的友谊和浪漫关系。事实上，高自尊者的自我报告中的受欢迎程度和关系质量确实比低自尊者报告得更高。

但是，鲍迈斯特（Baumeister）等人指出，自尊会影响人们报告的关系数量，高自尊者报告的关系数量显著多于低自尊者。因此，我们应当谨慎地解释在寻求新的社会关系时自尊所导致的差异。

从“自我同一性”的建立说起

| 刘思佳

1. 什么是自我同一性

青少年时期的我们，逐渐开始思考一些问题，比如：我是谁？我从哪里来？我的存在对于这个世界有什么意义？这些思考便是自我同一性发展的过程。埃里克森认为自我同一性的形成过程就是人格形成的过程。我们在成长的过程中逐渐形成自己的人格，思考自己将要发展成为一个什么样的人。青少年时期，我们往往会发现身边的同学变得各色各样，不论是性格还是人格。

自我同一性是一种重要的心理社会现象，也是一个与自我、人格的发展有密切关系的多层次、多维度的心理学概念。本质上，它是指人格发展的连续性、成熟性和统合性，它包含三方面的内涵：

自我同一性（ego-identity），是指儿童期通过自居作用形成的基本观念，表现为自我综合和个体性格的连续性；个体水平定向的同一性，是指个体与环境相互作用过程中形成的一套目标、价值观和信念，包括与他人向区分的个体的独特性以及自我的其他方面的事实；集体水平定向的同一性，即社会同一性，是指个体与团体理想一致的内在保持感和归属感。

心理学家将自我同一性的状态划分为几个部分：

◇ **弥散型同一性**，指没有形成固定的承诺，也没有主动探索和形成承诺的一员，处于同一性危机之中而不能成功地解决，对未来方向彷徨迷惑，不知所措，没有确定的目标、价值和打算，是一种最不成熟、最低级的同一性状态；

◇ **排他型同一性**，指没有经历探索阶段就对一定的目标、价值观和信念形成了承诺，这些承诺反映的是父母或权威人物的希望和要求；

◇ **延缓型同一性**，指正在经历同一性危机，积极地思考各种可能的选择和探索自己的价值定向，但还没有达到最终的承诺；

◇ **成就型同一性**，指已经经历了一段探索，解决了同一性危机，呈现出相对稳定的承诺，是一种最成熟、最高级的状态。我们周围存在着很多分别处于这四种状态的人。

第一种状态的人，处于一种迷茫的状态，他们没有找到自我的定义，没有发现自己在集体和社会中的位置，没有目标，不自主，总是依赖别人。这种状态是最糟糕的状态，如果长期处于这种状态中，那么自我很有可能会迷失，对于个人的成长是极其不利的。

第二种状态在我们的群体中是十分常见的。相信很多同学都深有感触，报考大学时，关于大学和专业的选择，很大程度上不是由我们自己决定的，而是家长替我们决定。“我希望你读经济”“我们家都没有医生，读医学吧”“这个专业又不好学，出来还不好找工作”这类的话相信大部分人在做出选择时都听过。这种情况往往导致了第二种状态的形成。

第三种我觉得是大部分大学生正处于的状态。我们中的大部分都还处于探索的阶段，慢慢地形成属于自己的人格，形成自己的圈子。

第四种就是比较成功的状态。我们中少部分人已经处于这种状态，找到了自我。

对于我自己来说，我认为我目前正处于第三种状态，即延缓型同一性状态。对于自我人格已经有了大概的认识，但并没有十分明确的概念。有时候我觉得我的性格总是在不停地变化。对于未来也没有十分明确的计划。这一点上我很不满意，没有明确的目标，总觉得很茫然，学习缺乏动力。但拥有乐观的态度，并在寻找自我的路上努力奋斗。

2. 如何建立自我同一性

自我同一性的建立其实并不用时刻强调。我们没必要把它当成一个任务，每天都在想我的自我同一性还没有建立。其实自我同一性的建立是一个逐渐的隐藏的过程，在我们不知不觉中，自我同一性就慢慢建立起来了。自我同一性的建立，首先需要摒弃不适合自己的东西，发现适合自己的生活方式。每个人都是不同的，不论是生理上还是心理上，因此我们需要找到适合自己的生活方式。大学是一个十分自由的地方。这种自由是源于课不多，没人管。这时候就是大学生们面临选择的时候。是整天逃课，期末勉强不挂？还是按时上课按时完成作业，期末考一个中等成绩？还是在图书馆里不断地充实自己？我们有很多选择，很多诱惑，找到自己真正想要的，才能抵制诱惑，拥有充实的生活和无悔的青春。就从最简单的每天的安排开始，有的人习惯早上锻炼，白天学习，有的人喜欢晚上奋笔疾书。每个人的不同造成了生活规划的不同，因此，通过探索摒弃不适合自己的，找到属于自己的时间规划和生活方式，是建立自我同一性最首要也是最重要的一步。

其次，要认识到自我是一个独立的整体，独立的同时又可以很好地和其他独立的个体进行良好的合作。每个人都是独立的，一个人想要立足于世，首先要学会自立。我们小时候可以依靠父母，进入学校和社会有朋友。但他们的存在不是为了支持我们生活，而仅仅是辅助我们体会更多的感情，获得更好的生活体验。我们首先要学会独自做事情，独自解决问题，独自学习，甚至独自生活。孤独成熟，在孤独中没有沦落而是涅槃的人，才是真正拥有强大能量的人。在学会独立完成后，我们要开始学会合作。很多事情是自己一个人无法完成的，这时候我们要学会和同伴交流，相处，共事。能否学会合作是检验一个人能否成功的标准。生活中我们往往会遇到这种情况，举办一场活动，不是一个人就能办好的。从最开始的创意，策划，活动场地的申请，活动材料，主持人等，这些需要大量的人力物力，绝不是仅凭一人之力就能办好的。相信对此我们都深有体会。

自我有一种发展的连续感和相同感，现在的我是由童年的我发展而来的，将来我还会发展，但是我还是我，所以很多都是变化的。我们要学会用发展的眼光看待自身的变化，正确对待自己的变化并学会接纳。记得我原来是一个很好强的人，听妈妈说，小时候只要小伙伴稍稍惹到我，我就会毫不留情地大打出手。每次听到妈妈跟我讲这个，我都会觉得特别有意思，但仔细想想，现在的我和小时候的我简直不是同一个人。现在的我最不喜欢和别人争一些东西，我讨厌争抢，所以总会默默让出。我总是反思，在这一点上应该和小时候中和一下，既不能太好胜，也不能太软弱。

自我同一性的建立是一个逐渐的过程，认识到建立自我同一性的重要性是每个人都应该做到的事情。同时我们也要学会正视自己，认识到自己的不足，并努力发现真正的自我。当我们步入最后一个阶段，便会觉得不论在生活中的哪个方面，都变得如鱼得水，悠然自在。

天空不蓝，依然可以微笑：观影《素媛》

王梓涵

1. 从《素媛》说起

素媛：“我姥姥总在说‘哎哟，要死了，哎哟要死了。’”

心理治疗师：“那你觉得这是什么意思呢？”

素媛：“这也许就是人活着的意义。”

这样的一段对话会有无数种解读方式。活着的意义本来就是一个答案因人而异的问题。从自我角度来说，我们可以为了在心里的每一个自己而活。然而，人活一世，风风雨雨，坎坎坷坷，每个人都曾经历过不一样的创伤，当这些创伤在心中留下疤痕，在一个个辗转反侧，无法入眠的深夜里渐渐变成深渊的时候，或许，就像素媛的话一样，面对着不够蓝的天空，仍然可以微笑，才是人活着最大的意义。

韩国电影《素媛》片长一百二十分钟，在前三十分钟就抛出了一个极端残酷的困境：八岁的小女孩素媛，在上学路上遭遇一个中年男人的暴力性侵，导致大肠与肛门脱落，不得不终生依赖人造器官。那么如果把故事的编撰权交给我们，那剩下的九十分钟，你会选择怎样的主题？是讲述女孩无法治愈的心理创伤为她带来极端的痛苦，最终无法忍受只能在心魔的驱使下走上复仇的道路，还是讲述阳光慢慢照亮素媛心灵的过程？

如果选择第一种，那就是另一部韩国电影《妈妈，别哭》的简述；如果选择第二种，那就是《素媛》。两部电影故事背景相同，风格相似，但结局、观影者的感受却截然不同。在一个暖冬的下午，我接连看了两部电影。第一部电影让我感到戳心的痛苦：妈妈，女儿，罪犯全部都死去，留下了一种肃穆的悲怆感，似乎苦难是无法逾越的心灵深渊。而《素媛》却让我在揪心之外感受到了一种别样的温暖：素媛和她的家庭最终迎来了新的希望。也正因为这一点，让这部电影与我们一般情况下的思维产生了差异。当我们在日常生活中听到类似的新闻时，比起关注受害者之后的生活，我们往往更关注对罪犯的愤怒和惩罚。或许是出于弗洛伊德心理学中的逃避自我防御机制，我们的潜意识并不愿意思考这样沉重的问题。

而这部电影对人性的剖析，对这个问题的诠释却能给我们一种抚慰心灵的力量。

2. 我做错了什么

其实生活不易的原因只有少部分是因为苦难本身，更多的部分则是因为苦难有马太效应。受过苦的人会渐渐开始怀疑自己，渐渐让自己陷入卑微的泥沼里。

马太效应（Matthew Effect）是指“好的愈好，坏的愈坏；多的愈多，少的愈少”的一种正反馈现象。最早由美国学者罗伯特·莫顿于1968年提出，其名称来自《新约·马太福音》中的一则寓言。

素媛“出事”后不久，就开始躲避熟人，躲避记者。家人害怕舆论对孩子的又一次吞噬。

素媛不解：“我做错什么了？我只是想给他撑伞。”

世界的规律就是这么残酷，那些被父母抛弃过的、被父母虐待过的、被他人欺负和羞辱过的……他们的内心都有一个顽固的声音：“都是我的错，是我不够好。”无论他们外表看起来多么桀骜不驯。证据就是，他们会一再避开生命中真正的幸福和真正爱的人，他们在潜意识里似乎习惯了自我矮化，习惯了残缺，习惯了自己不值得拥有爱和幸福。

素媛也正因如此，在灾难之上雪上加霜。

3. 为什么要出生在这个世上

电影里，素媛的这句话戳中了很多人的泪点。

与肉体的创伤不同，精神上的创伤常常是随着时间愈演愈烈的。

素媛刚开始还能够安慰爸爸妈妈，能够指认凶手，但渐渐地就开始哭泣，尖叫。终于有一天她轻轻地说："为什么要出生在这个世上？"这就是PTSD的一种典型症状。

创伤后应激障碍（Post Traumatic Stress Disorder，PTSD）指人在遭遇或对抗重大压力后，其心理状态产生失调的后遗症。这些经验包括生命遭到威胁、严重物理性伤害、身体或心灵上的胁迫。有时候被称之为创伤后压力反应以强调这个现象乃创伤经验后所产生之合理结果，而非病患心理状态原本就有问题。所以，PTSD又译为创伤后压力症、创伤后压力综合症、创伤后精神紧张性障碍、重大打击后遗症。

虽然PTSD一般发生在有极端创伤经历的人群中，但就目前的研究来看，除此之外，当我们面对社会压力，面对紧张事件，面对社交问题时，大部分人都会有类似PTSD的症状出现。

那是不是说，如果我们无法回避伤害和压力，就无法免受心灵上的创伤呢？

当然不是。

下面就让我们一起来看看，应该怎样从自我的角度出发，去减少生活中的种种困境对我们自己的伤害。

（1）阻断焦虑

这一步帮你学会处理自己的负面情绪。我们的焦虑来自生活中的方方面面，当我们面对这样或那样的不如意时，内心深处一定会涌现出各种各样的情绪，你也一定曾问过自己：“我为什么什么都做不好？”甚至于，这些心理现象也成了焦虑的来源。

其实，不妨试着去接受。接受不完美的自己，接受因为机缘巧合而发生在自己生命中的事。

接受自己，接受真相，这将是你另一种人生的开始：不再纠结，不再焦虑。

（2）旁观认知过程

看到这样一个标题，你应该会感到疑惑吧？我就是我，怎么能旁观自己的认知过程呢？但其实，这是完全可能的，也是能够更加了解自己的一种很好的方法。

在你被负面情绪掩埋的时候，是否曾在心中突然出现一种声音："我到底在纠结些什么？"这其实就是一种无意识的"自我旁观"。

当你遇到让自己心生焦虑的事物时，首先通过放松和接受阻断焦虑的蔓延，然后再有意地试着跳出自己，以一个旁观者的视角去分析自己对事件的认知，以及焦虑等负面情绪产生的原因。这样练习几次之后，你就会发现，在对自己的了解明显加深的同时，也找到了自己情绪的来源。

（备注：很多时候，你会发现，往往是由于自己对事件的认知才导致了自己的负面情绪，而不是事件本身的问题。也就是说，一切都取决于自己的认知过程。）

举个例子，当你了解苦难的马太效应之后，你会在自己陷入符合马太效应的心理状态时，通过分析自己的心理状态，马上意识到自己的这种认知过程，就能够在很大程度上避免自己陷入这样的旋涡之中。

（3）重建信念系统

经过第二步对自我的观察之后，我们就应该试着去对自我进行改变了。

如何改变呢？

当你发现自己的认知过程和信念系统是负面情绪的来源之后，

试着去与自己进行反复辩论。试着去告诉自己，自己的信念系统应该做怎样的调整，然后慢慢试着去践行这样的改变——当再出现负面情绪的时候，试着按照改变后的信念系统对引起情绪的事件重新进行积极的认知。坚持一段时间之后，你一定会发现自己的进步。

天空不蓝，依然可以微笑。

素媛就像一个天使，能在不那么蓝的天空下，笑得很灿烂。

素媛——希望。

愿我们都能像素媛一样，在不完美的现实世界里，有一个完美而柔软的心灵世界。

寻找因爱重生的力量：从素媛到林奕含

欧阳子琦

《素媛》是韩国一部根据真实案件改编而成的剧情片，主要讲述了一个未成年少女在遭遇性侵后如何走出心灵阴影和家人如何面对生活的故事。

女主人公素媛是个八岁的小女孩，长得清秀，又机灵。有的计算题让她很棘手。家里不怎么有钱，妈妈开了一个小卖部，爸爸是工厂的工人。在一个雨天，女孩一个人撑着伞走过大街小巷，被一个醉酒的男人盯上，这个女孩在这个年纪里遭遇的最大的苦难就这样悄悄地迈开了脚步。女孩被性侵，被狠狠地殴打，遍体鳞伤，男人逃走了，女孩用最后的力气呼叫了救护车。

不幸发生得如此突然，素媛的父母自然万分自责：为什么在孩子出事的时候我们不在，又为什么没有亲自送她到学校门口？虽然是那么近的路，只要两百秒就能跑到的路。

灾难发生后，媒体的不断骚扰、围堵和追问让全家人疲惫不堪，也给幼小的孩子造成了更多的伤害。面对疯狂而冷漠的媒体，小素媛一句“爸爸，我做错什么了吗？”让人在一瞬间落泪。在躲避媒体的过程中，素媛的手术伤口破了，爸爸想给孩子脱了衣服擦一擦身体，却看到了孩子绝望而无助的目光……在之后的心理康复中，明明没有做错什么却被社会逼迫着回忆那场噩梦的孩子，委屈而无助地诉说：“那个大叔让我给他撑伞，我本来也想直接走掉。但我觉得应该给大叔撑伞，不让他淋雨，所以就给他撑了。但是人们都说是我的错，谁也不夸我……”

坚强的素媛在一开始还能安慰父亲和指认凶手，但渐渐地，她开始失语、哭泣、尖叫，终于有一天，她轻轻地问：“为什么要出生在这个世上？”

很幸运的是，素媛的身边还有着许多许多支持她、深爱着她、愿意和她一起面对一切的人。他们陪着素媛，一点一点学着从痛苦里走出来。在电影的最后，素媛向着阳光的方向，小手轻轻捧起了一架小飞机。

电影的结局是温馨的，素媛虽然经历了巨大的苦难，但她还是走了出来，彩色的蝴蝶最终还是照亮了漆黑的夜。

素媛获得了新生，可是其他人呢？那些同样在小小年纪便遭遇了同样痛苦的其他孩子呢？并不是每个孩子都像素媛一样幸运。前不久，林奕含自传《房思琪的初恋乐园》迅速走红，小说自2017年2月出版以来五次再版，而本是才貌双全、前途无量的作者林奕含，却在4月27日傍晚，用自杀结束了短暂的一生。

蒋方舟这样评价道："读了因少女时期被诱奸的经历，而抑郁症自杀的二十六岁台湾女作家的自传式小说，写得真好啊——我认真阅读时像被冰锥捅了一下，或是如溺水般喘不上气就是'好'的体验。早熟而美丽的作者身上发生了耻辱的厄运，而她写下这厄运时略带戏谑的笔法有张爱玲的影子，可我们却无法像读《洛丽塔》一样，带着庆幸放下书，松了一口气说：'幸好是假的。'"

我们总说时间会冲淡一切，可是在林奕含这里，时间并没有冲淡苦难，只是让苦难和折磨更深入地融进了她的骨血，摧残着她本就饱受折磨的心。没有人来拯救她，父母、性教育、家教制的漏洞……

在书中，房思琪曾经用面包涂奶油的口气对妈妈说："我们的家教好像什么都有，就是没有性教育。"而妈妈则诧异地看着她，回答："什么性教育？性教育是给那些需要性的人。所有教育不就是这样吗？"

——父母们明明错过了性教育的课程，却总觉得这课程从未开启过。

直到林奕含去世后，她的父母发出这样的声音：她写书是为了不再有第二个房思琪。

——可是从没有人告诉房思琪们，或者那些即将成为房思琪的孩子们，他们到底该怎么保护自己，一步一步地走下去。

她的遗愿是预防，而不是追究任何个人。

——可如果不追究任何一个个人，这个世界上又怎么会少一个“房思琪”？

愿这个世界上的房思琪们能够被温柔以待，愿这个世界上再不会有新的房思琪。

你的另一半可能没你想的那么聪明：心理学家带你看清人性真相

| 邓玮玮　侯颖嘉　陈羽鑫　李佩玲

1. 竞争使我们妨碍他人，松懈自己

我们常说分享自己的方向、倾听别人的目标是很有好处的，因为大家会互相鼓励，让彼此在实现愿望的路上更有动力。

但是，有研究证明，当遇到目标相似、能力相近的人时，我们不可抑制地将他们当作竞争对手，将焦点从提升自己转为对抗“敌人”。无论自身比对手优秀还是略逊一筹，我们都不由自主地想去妨碍他；当认为自己的妨碍奏效时，便会松懈下来，最终也影响了自己的进步。

知晓此事有何用处呢，反映人性吗？并不是。只是希望大家懂得，何时该收回探向他人的眼光，埋头将视线放在自己的道路上。

2. 非亲历者同样悲痛

当听到严重车祸导致死伤惨重时，你会感叹世事无常；当听说飞机失事时，你会沉默而痛心。纵使这些事与我们并没有非常直接的关联，我们仍能从中感受到万千情绪。

灾难会给当事者带来无尽的打击与痛苦，而非亲历者——通过媒体或其他方式知晓此事的人——也能够有相同感受。

一个实验非常巧合地证明了这一说法。2014年5月，研究者开始一项关于荷兰人心理健康的调查，参与人员一个月中每天填写三次自己的心情状态。6月，马航失事，震惊全球。悲痛之余，研究者利用这一巧合，将失事后三天与事前事后（大于三天）的心情状态进行比较分析，发现事后三天，参与人员消极情绪水平增高，积极情绪降低，身体不适感增强。

也许完全能够感同身受并不实际，但是，当事者的悲伤，非亲历者也能在一定程度上有同样的感受。所以请相信，世界是一个整体，我们的心连在一起。

3. 你的另一半可能没有你想象的那么聪明

我们很多人都高估了自己的智力。我们的自我蒙蔽了我们自己的缺点。其实，我们对我们喜欢的人也有相同的想法。

我们似乎确实如此——这是发表在《智力杂志》上的一篇新论文的结论，该论文表明，我们一直认为我们的恋人比他们实际聪明得多。

曾有一些迹象表明，我们对我们所爱的人尤其乐观。例如，当涉及身体吸引力时，我们倾向于想象我们已经成功地吸引了一个比自己更性感的人，这有时被称为“爱情是盲目的偏见”。总的来说，人们似乎认为他们的伴侣的智力与他们自己的相等，而不是认为他们特别聪明。

他们感兴趣的是，人们是否倾向于与具有相似认知能力的人交往，以及这种“智力上的兼容性”对他们在一起的幸福是否重要。正如之前的研究发现的那样，伴侣的实际智商得分之间存在一定的相关性——所以一般来说，人们似乎会选择与自己智商大致相当的伴侣。也许我们对和自己有相似智慧的人有轻微的偏好，或者是因为我们有更多的机会和智力相似的人谈恋爱。

但总的来说，这些发现有助于扩展我们对自私偏见的理解，显示出我们的利己主义和自信有时会蔓延到我们所爱的人身上。也许我们喜欢认为我们的伴侣能更好地反映出我们自己。

4. 赢得胜利——高手从不告诉别人的获胜秘密

保持神经的兴奋性可以帮助我们在比赛中获得更好的成绩吗？科学家告诉你：不一定！

近年来有研究通过比较一些德国乒乓球运动员某赛季赛前的情绪管理、近年来的比赛成绩和该赛季结束后的成绩，发现赛前能够控制好自己的情绪的运动员发挥更好、更有进步空间。研究者认为，神经兴奋也许会对一些接触类的运动（如拳击、橄榄球等）起作用，点燃斗志、提升速度、增强攻击性，但对于一些精细运动（如乒乓球）则适得其反，会使人变得笨拙而僵硬。

5. 随年龄增长，大脑中的神经元会显著减少吗

随着年龄增大，大脑体积会减小，人的智力相关的能力降低，20世纪70年代，约翰逊（Johnson）和埃尔内尔（Erner）通过研究动物大脑，提出成年后人类大脑中的细胞数量每年减少百分之一。

而如今的科学家们借助现代科技，发现人的一生中脑细胞损失在百分之二到百分之四之间。老年人大脑体积变小，但只是相对压缩而未缩减，而老年人智力下降，也许仅与大脑神经细胞中的化学和形态变化有关。

6. 语言影响记忆能力

之前已经有研究表明，我们使用的语言对我们某些认知世界的方式造成了影响。现在，先了解两个概念。在人类的语言中，有左分支语言（重点在右，延伸在左。比如：the tiger who came to tea）和右分支语言（重点在左，延伸在右。比如：who came to tea，the tiger）。最近的一项研究表明，左分支语言的用户相比右分支语言的用户更易记住一个序列的前半部分信息，而不易记住序列的后半部分信息。

人人渴望被理解、被关注、被爱：观影《心灵捕手》

| 莫蕙萃

1. 从《心灵捕手》谈起

美国电影《心灵捕手》（*Good Will Hunting*）是一部将电影艺术和心理咨询理论研究完美融合的经典影片，所以它获得了第70届奥斯卡金像奖最佳影片、最佳原创剧本、最佳导演、最佳男主角等多项提名，是一部口碑与票房双赢的优秀电影。

影片讲述了一位麻省理工学院的数学教授蓝博，在系里布告栏写下了一道只有两位数学大师解出来的难题，希望他那些杰出的学生可以解答出来，事实上无人能解。令人大跌眼镜的是，一个年轻的清洁工威尔在打扫时轻易解开了这道难题。蓝博为找到这位神秘的数学天才，又出了一道更难的题目。第二次，在威尔解开题目后，蓝博依然没找到他。蓝博想尽办法寻找威尔，终于见到威尔是在法庭上，这个愤世嫉俗、桀骜不驯的天才因为打架滋事甚至殴打警察被拘捕而在法庭上自我辩护，而让蓝博更诧异的是威尔先后已经多次被控告了袭击罪、偷车罪、假扮警察罪等。

蓝博意识到威尔是个有心理问题的天才少年，所以他向威尔提出，可以保释威尔，但前提是他必须答应自己两个条件，加入他的数学团队的研讨会，并配合心理医生进行诊治。威尔为了可以从少年监护所出来，答应了蓝博教授的条件。但是一般的心理咨询师在这个高智商的年轻人面前根本无计可施，谈话不可以，催眠也失败，这些专家还反遭威尔洞悉心理，甚至遭到羞辱，所以威尔前前后后换了好几个咨询师，直到他遇到了蓝博的好朋友——肖恩，一位资深的心理咨询师。不同于威尔之前的咨询师，肖恩更平等、尊重人性，更坦诚、接受和包容他的一切，以导师的姿态，引导威尔卸下心防，走出童年梦魇，最终寻得了真爱。

本片以新颖的手法，展现了心理咨询以及愈疗的过程，男主角威尔病态人格的呈现，心理过程的变化，以及在咨询中移情—反移情的对峙，都表现得很细腻。

2. 从精神分析看《心灵捕手》

本轮分析主要以肖恩对威尔进行心理治疗的七次谈话作为时间线索，对其前后以及访谈中的情境进行分析讨论，这七次谈话看似只是两人语言上的交流，实则却是一场心与心的碰撞和角力。影片的前段，我们很容易就可以看出来，威尔是一个拥有强大自我，但超我很弱的人，所以他做事喜欢遵循“快乐原则”，看谁不顺眼就喜欢用拳头直接解决。威尔对要接受心理咨询存在极其强烈的阻抗，也因他的高智商，使得很多咨询师愤然而去，但是肖恩最终还是获得了较量的胜利，使得威尔摆脱童年阴影，勇敢迈向新生活。

（1）第一次谈话

这也是两人的第一次会面，地点是肖恩的办公室。威尔一开口便是嘲讽肖恩的书是垃圾，读这些书就是浪费时光，他不停巡视房间里各种摆设，最终目光停留在墙上的小油画上——一个人在海浪中奋力划着他的小船。威尔无所顾忌地又开始剖析起咨询师的心理，他对肖恩说：“从线条和颜色可以看出划船者的恐惧和无助，他在努力寻求可以停靠的港湾。你娶错了女人！她抛弃了你，跟别的男人跑了！她……”还没等他说完，肖恩已经勃然大怒地掐着威尔的脖子。

第一次谈话，看似是威尔占据了上风，因为他把肖恩惹怒了。但其实在后面肖恩的剖白中，我们可以知道他之所以这么生气并不是因为威尔揭露并击中了他耻辱的事实，而是因威尔侮辱了与他伉俪情深最后却因疾病离开人世的妻子。但其实，在威尔自以为剖析了肖恩的这段话中，我们不难发现，他对肖恩的这种被抛弃的无助、恐惧的状态其实是对自己真实内心的一种投射，我们可以大胆推测威尔的童年应该是极度没有安全感的，在不断被抛弃中跌跌撞撞成长的，他也一直找不到可以停靠的港湾，所以他的内心是恐惧、无助和极其缺乏安全感的。这个推测，在影片的最后也得到了证实。

（2）第二次谈话

在第一次访谈后和第二次访谈之前，威尔在一家酒吧遇上了他心仪的哈佛女孩，但是期间他鼓足勇气拨打电话，响了之后又立马挂掉，他喜欢这个女孩，却不敢靠近。这种以情感接近作为危险信号的举动，想靠近却又不敢靠近的矛盾，以及之前他不断否认自己需要抚慰养育却又在那之后和心仪的女孩谎称自己拥有众多的兄弟和一个温馨幸福的和谐家庭，威尔这种前后自相矛盾，不断压抑自己欲望的行为，让我们直视了威尔空虚又寂寞的内心，以及他渴望与他人建立亲密关系但是却又害怕这些亲密爱人会再度抛弃自己。

第二次访谈是在小河边上的长椅上进行的，肖恩的一段话是影片中最经典最震撼的，也是首次让威尔陷入深思的话，肖恩对威尔说："你从未离开过波士顿吧？我若跟你谈美术你只能引用美术专著空谈理论，例如米开朗基罗，你对他知之甚详吧？但你连西斯廷教堂的气味也不知道吧？你从未试过站在那儿，昂首眺望天花板上的名画吧？如果我想跟你谈女人，你大可向我如数家珍，但你没法说出在女人身边醒来时那份内心真正的喜悦。如果我想跟你谈战争你会向我大抛莎士比亚，朗诵他诗中描述战争的对白名句，可是你从未亲临战场，未试过把挚友的头拥入怀里，看着他吸着最后一口气，凝望着你，向你求助。如果我问你何为爱情，你可能会吟风弄月，但你从未试过全情投入、真心倾倒、四目凝视时彼此了解对方的心，好比上帝安排天使下凡只献给你，把你从地狱深渊中拯救出来。对她百般关怀的感受你也从未试过，你未试过对她深情款款矢志厮守，明知她患了绝症也在所不辞。你未试过住在医院几个月，紧握着她的手时那份感受，医生都感动得破例允许全日探望。你也未尝过痛失挚爱的感受，因为要爱对方胜过爱自己才可感同身受。"

这些都是肖恩自己的亲身经历，这一段的自我揭示，是肖恩向威尔打开自己心门的表示，这种朋友式的交谈开始奏效，威尔虽然没有说什么，但是也不再是之前的狂傲抗拒，直至谈话结束之后，他都在长椅上保持沉思的状态。

（3）第三次谈话

这次谈话，很特殊，来访者和咨询师谁都没有说一个字，咨询时长一到，威尔转身就走，这是一场两人耐性的较量。

（4）第四次谈话

这次谈话依然以沉默开始，直到肖恩打起盹儿来，威尔忍不住以一个“黄色段子”开口说话，两人都因这个段子笑了起来，但肖恩立马不失时机地轻点了一句：“如果这能是你自己的亲身经历，会更好笑。”肖恩一直在似有似无地指出威尔不应只满足于在书籍中获取知识甚至是情感连接，而是应该走入现实，自己去亲自体会这一切，与人建立亲密关系。

这次亲密对话中，威尔提到了自己的女朋友，也不加掩饰自己对她的欣赏，但在他表示自己不再约会女友是因为不想破坏她的完美形象时，肖恩一针见血地指出这是他的自我投射，与乔装的威尔展开了质对，指出他不想破坏的是自己的完美，因为极力想维护自己的完美，所以拒绝别人的接近。

（5）第五次谈话

这次谈话更像朋友之间的聊天，话题从棒球到婚姻和爱情，肖恩告诉威尔，当年他为了追求妻子，放弃了一场最精彩的棒球比赛。这场谈话对威尔的影响之大，在影片的最后，威尔放弃了蓝博教授给他找的工作，留下了一张纸条给肖恩，“我要去找一个女孩”，然后独自一人上路去加州追求他的女孩。

（6）第六次谈话

这次谈话，肖恩担起了导师的角色，使用了激将法，目的在于让威尔正确对待自己的天赋才能，并尽力在相应的工作中发挥出来，创造自身的价值。

（7）第七次谈话

这次谈话是诊治的最后一次，也是最具历史性意义的一次谈话。肖恩从威尔身上把他不自觉的无意识的东西整理了，在适当的机会告诉他。

肖恩打开了威尔的档案，我们看到了幼年的威尔被养父毒打、虐待至伤痕累累的照片。通过这些陈年的档案和前面六次的访谈，肖恩得以察觉威尔的潜意识世界，找到了他心理问题的症结。原来威尔婴儿时期就被抛弃，多次被领养和再抛弃，饱尝被抛弃和伤害，最后还遇上了一位酗酒和虐待儿童的养父。在缺乏亲人和极度恐惧中成长的威尔，极度不信任别人，害怕与别人建立了亲密关系又遭到抛弃，形成了极强的自我防御机制。根据力比多黏滞性分析，孩子在经历痛苦后，会制造重复，力比多会固着在得不到的旧客体或满足不了的欲望上。儿童会借助与父母或其他重要他人所提供的任何接触形式与父母建立连接，而这些形式成为他们与他人依恋和联系的模式。威尔极强的攻击性，就是从“施虐—被虐”中习得；恐惧与他人建立亲密关系，则是从“抛弃—被抛弃”关系中习得。

而被抛弃或者虐待的孩子，潜意识里还是会将错误自我归因，认为是自己的错。所以，在第七次谈话中，在肖恩一连对他说了七次“这不是你的错”之后，威尔抱头痛哭。

童年的阴影造成了威尔成长后人格的缺陷，但是他很幸运的是遇上了肖恩这位“心灵捕手”，在他娴熟的咨询技巧的引导下，直面了自己潜意识最恐惧的事实，修正了自我认知，迈出了崭新的步伐，踏上了勇于追寻自己亲密爱人的道路。

地狱与天堂之间：“女心理师”贺顿的精神成长之路

| 周璇

贺顿，是位心理咨询师，相貌平凡，声音出色，胆大心细，精炼老到，工作成瘾，阅人无数。

柴绛香，是个山村里的小姑娘，贫穷内向，成绩优异，后来成了某临终养老院的护工，不怕脏，肯吃苦。

因为满嘴方言和初中都没上完，绛香始终自卑。她在临终养老院大包大揽了最脏最累的活，宁愿一点一点把床单上的排泄物用手搓干净也不用洗衣机。这是一种对自卑的替代型心理补偿——她不善交际，没有文凭，所以要求自己在体力劳动上做到极致。而正是因此，她得到了博学多才又家缠万贯的贺奶奶的赏识。贺奶奶教她读书，教她说话，教她做人，还应邀给她起了新名字——贺顿。这是她追求卓越的第一个阶段性成果——在城市立足的基础。

改名意味着绛香的自我意识终于觉醒了，她开始思考之前疲于奔命时从来没有仔细思考过的问题——她和常人不同，始终下半身冰冷。这成了她新的自卑来源，也是发展动力。觉醒后的贺顿已不甘心在养老院工作，又想了解清楚自己的身体，于是决定：为自救，要成为心理咨询师。这是对自卑的弥补型补偿：集中力量发展弱势。但她缺钱。培训要钱，考试要钱，租房要钱，开店也要钱。为了钱，她批发化妆品走街串巷推销，却差点被强奸……千辛万苦后她终于攒够了第一桶金，幸运地因为出色的声音和咨询的课程经历被某男主播发掘，成了电台的客座主持人。这是她的第二个阶段性成果——一技之长。

之后的事情顺风顺水。房东家的儿子爱上了她，发掘她的男主播愿意资助她，她开起了心理诊所，并由于扎实的专业知识一举成名。这是她的第三个阶段性成果——安身立命的事业。

之后，她找到了本市权威，权威为她进行了违反伦理的治疗——最后，她找到了冰冷的根源，也开始对抗权威——“正是因为有你这样不遵守规则的人，我才要在这条路上坚持下去”。故事到此结束。这是她最终的成果——事业上坚定的自我认同。

阿德勒说：“不要让眼前的困境束缚住自己，不能相信当下的困境就是人的一生。”从绛香到贺顿，这可谓是从地狱到天堂的求生之路。但我们要说的，不是一碗关于成长的鸡汤。

贺顿能得到第一桶金，是因为她自愿和之前想强奸她的顾客进行了性交易；贺顿能有开店的房子，是因为曲意逢迎嫁给了患有小儿麻痹症的房东家儿子；贺顿能有开店的起始资金，是因为她假装处女和男主播上了床；她能一直得到指点，并找到本市权威，是因为她即使在婚后，也与男主播保持着长期的性关系……光环背后是血淋淋的历史。贺顿对性，随意又无感。她和所有对她想做的事有帮助的人做爱，却永远下半身冰冷，体验不到性的快感。

贺顿自己都不懂这是为什么，因为她已经忘了绛香。绛香有一个抛妻弃女的生父，一个靠卖淫养家的母亲和一个粗野的继父。绛香受够了全村人的白眼，六岁的她已经隐约懂得这意味着什么。她问母亲这是为什么，母亲说，孩子，因为咱们得吃饭。

在这个尴尬的性器期末尾过后，绛香再没问过母亲这个问题。她默默地接受了“为了吃饭，有时候别人说什么也没那么重要”的逻辑。这看上去似乎很洒脱，然而其实并不——在做爱时，“她的身体在床上，灵魂却在半空中”——虽然做了，但她内心是拒绝的。她在自己与母亲间纠结，但终究没能逃出母亲的禁锢——这甚至成了她的事业腾飞的起点。绛香十二岁时被继父强暴，继父将自己的下体涂满了清凉油塞进了绛香幼小的身体。彼时，母亲去了一位很久不联系的所谓姑妈家探亲。

这是她下半身冰冷的根源所在，但贺顿完全不记得这件事——

就像所有类似的经历过童年性侵的女性一样，她选择了压抑与遗忘。冰凉的清凉油和铺天盖地的疼痛与难以置信不仅让她从此变得性冷淡，也让她对类似的男性纵欲事件有了作为一个咨询师不应该有的深恶痛绝——这是投射，然而面对来访者，她完全意识不到。因为没有快感，所以可以更随意；因为随意，所以更加没有快感。

贺顿对母亲的情感，是极其复杂的。一方面，她接受了母亲为人处世的方式，甚至将它复制到自己的生活中，但对此仍有不屑。由于贺顿的特殊经历，她的本我是排斥“性”的，但出于“过好生活”的社会目的，她的超我是接受“性”的。因此，自我强迫她去接受“性”。此时，母亲的观念就变成了贺顿用来将自己的行为合理化的工具。另一方面，潜意识里，贺顿是恨母亲的——她一直将自己受到继父的性侵害一事归罪于母亲。因此，她对所有类似年纪的老太太都提不起喜欢，在可能的情况下还有一种莫名的敌意。这包括她的房东婆婆，甚至她的某些来访者。所以，我们会发现贺顿以自救为目的成为一名心理咨询师最大的问题——由于特殊的个人经历，她无法做到对所有来访者一视同仁，甚至对其中一些，在一开始就存在强烈的反移情。

第一类是性生活丰富的男性。面对一个精神显然有问题的女性来访者控诉自己老公淫乱无度的咨询，贺顿大失常态，以致不能做到理智冷静，并没有发现其言语中的不合理之处，在没有进行深入了解的情况下就劝解来访者离婚——这反而导致了来访者的自杀。在这位女来访者的丈夫来拜访贺顿时，贺顿一开始也表现出了强烈的不适反应，之后发现两位来访者叙述不一时，才逐渐进入工作状态，并借此打开了自己尘封已久的记忆。显然，她对女来访者丈夫的反移情极大地干扰了她作为一个咨询师的专业判断，而最可怕的是，这种干扰她并不自知，还以为自己做出了正确的决定。

第二类是缺乏父母关爱的小孩子。作者并没有刻意渲染贺顿在面对这两类来访者时有什么过激反应，但却通过另一种方式描绘了她的不适。来访者周团团是一位父母离异后各自再婚的富二代，这个五岁的小孩子试图通过下毒阻止父亲再婚。听到这个耸人听闻的消息，贺顿在惊愕之后，思绪马上飘回了爹不疼娘不爱，甚至有点屈辱的绛香时代，以至于咨询中都未能很好地集中精力。这种对来访者父母的反移情，影响了她作为一个咨询师的工作状态。

精神分析流派一直强调咨询师要善于利用移情，但在来访者移情之前，咨询师先产生移情，显然是对咨询过程极为不利的。咨询师的特殊经历有助于咨询师对来访者共情，但太过隐秘，甚至自己都还无法面对的经历就是对某些咨询过程的阻碍，甚至是一颗定时炸弹。以“自救”为目的的咨询师，其发展必然会受到限制——在最开始的阶段，这也确实成了贺顿的限制。

也是因此，贺顿的个人成长和事业成熟比任何人都要紧密地联系在一起。对这种联系的极致追求，让她始终无法学会如何平衡生命中的其他东西——爱、家庭、孩子……她为了事业而结婚，为了事业和自我救赎而找了情人，为了心无旁骛地为来访者做咨询而和情人一刀两断……所以，到最后，她都没能通过亲密对孤独的考验，在感情上幼稚得像个孩子——这是童年阴影留下的永久创伤，也是成年的刻意回避带来的无法挽回的伤害。

贺顿的所有目标都集中在生存，所有奋斗都着眼于事业，她毕生的目标都不是，甚至没有想过，要让人格健全。从某种意义上来说，她缺乏社会兴趣，有卓越情结；从另一种意义上来说，她到最终也没有成为会爱、会被爱、拥有喜爱工作的完整的“人”。这却是从天堂到地狱的求死之路。

她像哺育孩子一样哺育事业，此所谓生；也像摧毁敌人一样摧毁自己，此所谓死。贺顿的一生都在求生，但她求生的方式决绝凛冽，对自己的独立人格养成来说，近乎求死。也许正如弗洛伊德所说：“人的内心，既求生，也求死。我们既追逐光明，也追逐黑暗。我们既渴望爱，有时候却又近乎自毁地浪掷手中的爱。人的心中好像一直有一片荒芜的夜地，留给那个幽暗又寂寞的自我。”

贺顿最后留下的，也只有在天堂与地狱之间的一缕执念，而不幸的是，这往往也是我们每一个人都要面对的。

该作品以女心理师贺顿的成长经历为主线，在她和丈夫、情人与心理权威之间错综复杂的情感关系中，穿插了若干来访者的精彩故事，深入探索了当代人的心理困惑及救赎突围之路。女主人公在极力拯救他人心灵的过程中，最终使自己的心灵被拯救。

当马蒂尔达遇到精神分析：我看《这个杀手不太冷》

▎梁燕

一个戴瓜皮帽的高个黑衣男人，一个戴choker（贴颈项链，项圈）的短发小女孩和一盆绿萝盆栽——这是《这个杀手不太冷》留给我的最初印象。

1. 剧情与背景

里昂是一名意大利籍的职业杀手，小女孩马蒂尔达与他住在同一楼层。在女孩的家人因毒品纠纷被杀后，她的命运就与里昂紧密地牵扯到了一起。马蒂尔达成了孤儿，她请求里昂把她留在身边。为了报仇她让里昂教她怎样成为一名杀手，作为回报，她教里昂认字，两个孤独的人开始互相陪伴。某天，马蒂尔达无意间得知仇人斯坦斯菲尔德在警局的地址后独自一人去报仇险些遇害，里昂回家得知马蒂尔达的计划后赶去救了她。这也遭到了斯坦斯菲尔德的报复，他带领无数警察包围了里昂的住处。里昂只能一个人对抗外面的千军万马。他砸破管道让马蒂尔达带着他的绿萝逃生，最终自己与Stan同归于尽……

这部电影从1994年上映以来就为大众所熟知，很多人也自称曾被里昂和马蒂尔达的故事深深打动。

其中一些人大概是因影片中纯真、强烈的感情，或者说因两个孤独无依的“孩子”而感动。另一些人则被杀手里昂深深触动——杀手的形象本该是冷漠果敢的，偏偏这个穿着黑色大衣、戴瓜皮帽、黑色小圆框墨镜的瘦高男人是个另类，他是这样木讷、孤独与善良。他的杀人原则是“不杀女人，不杀孩子”；偌大的电影院里他看着屏幕傻笑，试图努力理解男女主人公的爱情；牛奶是他每天必需的饮料。影片中有两处他把牛奶喷自己一脸的镜头让人忍俊不禁：一是马蒂尔达问他的名字，他答“里昂”，马蒂尔达评“可爱的名字”时；二是马蒂尔达回到家呈大字倒下休息时对他说：“里昂，我觉得我好像爱上你了。”

还有一些人（包括我）的感触来自马蒂尔达这个古灵精怪又很让人心疼的十二岁小女孩，也许是因曾有过某些类似经历，很能理解她的处境、感受，欣赏她的敢爱敢恨，也许是羡慕她遇到了“世界上最好的男人”……

2. 关于马蒂尔达

马蒂尔达十二岁，她生活在纽约一个混乱的家庭中——母亲很早就离开了自己；父亲是毒贩，常以暴力对待她；有个同父异母的姐姐，对她态度很差，两人常常发生口角；继母也让她很反感，且对她不管不顾。她在这个家中唯一的牵挂是她同父异母的弟弟，他很依赖马蒂尔达。

同时，马蒂尔达是个叛逆、不羁的小女孩，她经常逃学、旷课，还吸烟，对生活很绝望。她时常抱着自己的玩具兔，喜欢看动画片。

3. 精神分析视角下的人物分析

马蒂尔达有着与其年龄不符的成熟，很大程度上，这与她的生活经历与生活环境有关。父亲与好几个女人结过婚，因此她没有得到自己应有的母爱。当然，父爱也同样没有。父母混乱的职业与行为同样会对她产生不好的影响。也许父亲经常惹是生非，所以，当马蒂尔达看到父亲被人威胁时也表现得见惯不惊。虽然表面上马蒂尔达经常显得很镇定、果敢，但其实仔细分析，我们会发现这只是她在面对现实时不得已而摆出的态度——她的处境让她常常处于焦虑的状态，她必须做出防御，才能让自己免受伤害。

马蒂尔达没有得到家人的关怀，没有得到父爱、母爱，可她还是个孩子啊，她需要爱与被爱，恰好她的弟弟是这个家里唯一纯洁的所在，所以她把这种对亲密关系的渴望转移到了弟弟身上。包括后来她的家人尤其是她弟弟死后，马蒂尔达再次失去了感情的寄托，此时里昂正好出现，她又一次把自己的感情转移到了里昂身上。最后，当里昂也死后，她与他最紧密的联结只有那一盆盆栽，她把盆栽带在身边，好像那就是里昂。（替代，指个体把无法对某人或某事直接表达的负性情绪转移到另一个安全的人或事上去发泄。）

童年的马蒂尔达一直被父亲当作出气筒无端责骂甚至殴打，但她无力改变什么，还是要在这个家里生活下去，只能压抑自己对父亲乃至这个家的负面情绪。（压抑，指自我把意识所不能接受的冲动，情感和记忆抑制到无意识层中。）

被父亲打后，她偷偷坐在楼梯上吸烟，很明显，这是一种替代的行为。她试图通过吸烟这一行为转移自己的注意，暂时麻痹自己。（替代）

被打后她再次遇见里昂，她扬起沾满血的脸问他：“生活是否永远艰辛，还是只有童年如此？”这一问多少也能让人体会到她对生活的绝望，她开始怀疑人生的价值。（去圣化，指个体由于受挫或受到欺骗而怀疑美好事物的存在。）

里昂收留她后，看到她一直很伤心，想安慰她。而她却显得满不在乎地说这没什么，即使别人不杀死她父亲，总有一天她也会杀了他。她想让自己看起来不那么脆弱，更不想让自己太过伤心从而受到伤害，因此这样合情合理地解释给自己听。（合理化，指通过歪曲现实达到保护自己自尊性的目的。）

在她想要学习当杀手，以及学习杀人时，也有一些有意思的地方。例如，一开始当她得知里昂是一个杀手后表示这很酷，而且还能去报仇，在她心目中这简直是个完美的职业，她也想成为一名杀手。可是她没有考虑过杀手都是生活在社会边缘的人，危险因素太大，随时有可能丧命，而且就像影片后来讲述的，长时间高强度单调的体能训练对她来说也是一项挑战。（白日梦，个体终日沉湎于幻想之中，以至于对现实视而不见。）

有一次，她发现里昂执行任务时要戴上帽子，她好奇地问原因，里昂俏皮地回答："感冒了就不好了。"出于对里昂这个顶尖杀手的崇拜，她也给自己弄了一顶相同样式的小帽子，在里昂表示奇怪时，她模仿说"感冒了就不好了"，着实让人捧腹。（认同，指个体出于一定的动机，有选择地模仿别人某些特征，行为或风格。）

鉴于里昂在刚收留她的第二天就表示自己无法把她带在身边，她可能认为里昂之所以想让她离开是因为他觉得她是小孩，无法胜任一个杀手的工作；而在她表达自己对里昂的爱意后，里昂认为她很天真，她觉得这也是因为自己年幼。面对被抛弃与被拒绝的恐惧，她尽量让自己表现得像一个大人——里昂说应该留一些时间变成熟时，她马上争辩，称自己已经够成熟了。（否定，指个体在现实生活中遇到痛苦得难以接受的事情时，会在无意识中对之加以拒绝或不承认。）

每次里昂回家开门时，她其实是在看动画片，但她会煞有介事地把电视切到大人才看的频道。她不断试图向里昂证明自己真的是个大人了。（反向，指个体为了控制某些不被允许的冲动而无意识地做出相反方向的过度举动。）

最让人不忍的是，她知道里昂死后，抱着盆栽号啕大哭，她这时候装大人还有什么意义呢，除了哭她不知道要怎么表达自己的伤心。（退化，指个体倒退到儿时的幼稚状态，以回避现实危机和困难。）

最后，马蒂尔达来到一个可以安定下来的地方，把那盆绿萝种在了泥土里，决定开始新生活。里昂不在的事实已经无法改变，况且他用自己的生命换得马蒂尔达的一生安宁，即使痛苦，也只能好好生活。幸好，还有里昂最好的朋友——这盆植物陪伴她。像一篇影评说的那样，“马蒂尔达终于和这个世界和解了”。（升华，指个体将诸如性欲或攻击这样的内驱力转移到一些社会所接纳的范围内。）

至少我，还能拥抱我自己

| 王培莹

你有没有过这种经历，在自己哭得很伤心的时候努力告诉自己，“不许哭了”；在即将上台演讲时暗暗提醒自己，“不要紧张，一定可以成功”；不知道是否应该表白时问自己，“她喜欢我，她不喜欢我”？但是这样自己和自己说话正常吗？为什么人会自己和自己说话呢？

1. 什么是自我对话

这种自己和自己的对话叫作自我对话。自我对话是连接个体自我意识和外在行为的桥梁，通过自我对话，个体可以对行为进行计划、监控和指导。自我对话可以出声也可以不出声。换言之，自我对话是为了与他人对话分开。只要是和自己对话，都是自我对话。

2. 人为什么会自我对话呢

自我对话大量产生于儿童学前年龄阶段。维果茨基（Vygotsky）认为，儿童出声的自我对话来自儿童对成人言语的模仿。成人对儿童的语言指导着儿童的行为，儿童模仿成人用语言来指导自己，进行自我反思与行为控制。这种语言使儿童与环境分离开，有助于儿童形成并意识到自我。

已有大量研究证明影响问题儿童的自我对话是一种有效的干预技术。随着儿童进入小学，自我对话的频率会逐渐降低，最后被不出声的自我对话代替。即使在我们长大成人之后，自我对话也是一种积极有效的指导方式。

自我对话可以显著降低员工的工作压力，增加运动员的表现。自我对话是帮助我们适应社会生活的一种有效方式，只要不影响他人且不对生活造成严重影响，都是正常的，甚至是有益的。

3. 那自我对话何时是有益的呢

在临床心理学领域，学者证明负面自我对话对于心境障碍的影响。个体因为负面事件而焦虑时，负面自我对话（自我批评、懊悔）会加重个体负面情绪。但是积极的自我对话（自我表扬、自我鼓励）会有效缓解负面事件导致的负面情绪。

所以，自我对话不在于何时何地说，而在于要给予自己积极的正能量。当你鼓励、表扬自己时，真的能收获积极的情绪，提升自己的表现。但是，积极自我对话与消极自我对话的比率在大约2：1最为合适。消极自我对话比例过高与焦虑相关。积极自我对话比例过高可能与躁狂症相关（Bertau，2012）。这并不意味着大家需要计算自我对话的频率种类，而是我们可以有意识地与自己积极对话，但是不用强迫自己每时每刻给予自己正能量，偶尔发个小脾气还是很健康的哟。

所以，要表白的时候要告诉自己：她一定可以接受！虽然不一定美梦成真，但是你的表白一定更有自信、更深情！

Part 04 我从哪里来，要到哪里去

家庭于我：我从哪里来，要到哪里去

梁燕

常常会在某些时刻，看着这样做事的自己，恍然觉得，这明明就是他们啊……

如果说一个人就像一棵枝丫交错的树，那么它赖以生存的土壤就是这个人的家庭环境，土壤的质量优劣对树木的成长有着至关重要的作用，家庭环境亦如此。

如果一定要把自己比作一种植物的话，我想我会是黄瓜。萧红曾经在一篇文章中写过："黄瓜愿意开一朵花，就开一朵花，愿意结一个瓜，就结一个瓜。若都不愿意，就是一个瓜也不结，一朵花也不开，也没有人问它……"长大以后很庆幸自己在家庭中能最终争取到这样的生活方式。之所以父母会在教养方式上不再专制，不再施加压力、寄予很高的期望，一是因为我一直以来就很羸弱的身体素质，二是因为曾经主动配合父母要求却压力过大，父母不忍见我整日在竞争与担忧中挣扎，因此不再强求，不再过度安排。

这样的变化大概在高中时期表现得最为明显：小高考在即，怎么也学不会生物的我整日心事重重，有一天因为生物习题放弃了整整一中午的午睡时间，晚上和爸爸打电话时绝望地告诉他，我觉得我可能真的学不会生物了，但是如果我考不到B就连一本都上不了了……爸爸在电话那头大概真切地感受到了我的绝望与焦虑，他说，没关系，一本上不了又怎样，就是上不了大学又怎样，总会有别的出路的……我知道他心里其实并不这么想，只是为了让我安心，然而从这以后就再也没有任何对学业的强制约束。大学即将毕业，去向还迟迟未定，我发微信给我爸，面对渺茫未来的无助在绿色气泡的对话框里蔓延，过了一会儿跳出来一条："不用担心，录不上就回来养你。"

所以我这样一个人，可能才会一直把"随遇而安""顺其自然"作为自己时常挂在嘴边安慰自己和别人的话吧。

但宽松管教之外，我从小受传统观念、规矩的约束也颇深。

年幼时曾暗自埋怨太过严苛的餐桌礼仪和不讲情面的爷爷，觉得它过于迂腐，太拘泥于形式，现在想来每一次被大声呵斥，每一次被筷子打中手背以及落进碗里的委屈的泪水都是这样值得纪念。

人常常会随着年岁的增长慢慢淡忘对传统文化的敬畏之心，渴望挣脱规范的束缚，简化一切繁芜复杂的形式，试图跳出形式的牢笼，却不知这是怎样一种背叛。庆幸我的身上还留有旧时“迂腐”的影子：吃饭前应该坐在与自己辈分相符的座位上，用两只手递、接碗筷，等所有人入座后再开动，碗筷勺避免碰撞发出响声，汤水米粒不能洒到桌上，嘴里吃着东西时不能说话，吃饭时左手扶碗右手拿筷，“看菜吃饭”，吃完后示意其他人慢用并把自己的碗筷送进厨房……总是问爷爷要这么多繁文缛节是为什么，他总回答没有为什么，他爸爸的爷爷这样教他爸爸，他爷爷这样教他，他爸爸这样教我爸爸，所以他也这样教我……

不仅是饭桌上，生活中也被教导要做一个会察言观色的人：妈妈在洗衣服，年幼的我摇晃着走过去悄悄在她身后放下一张凳子让她坐下，爷爷只教了我一次，以后每一次我都会很自觉地这样去做。

长大以后再回头看，这大概是对言行的一种节制与自我约束，让人守礼、相互尊重、关注细节并且践行前人的规范。

虽然说对自我的约束是必要且符合传统的，虽然说爷爷过于严苛的要求对我大有裨益，然而在生活细节上对自己的苛刻往往会演变成对身边他人，尤其是亲近之人不近情面的要求。后来我有了男朋友，时常因为餐桌上的小事而对他横加指责，突然发现原来自己变得跟爷爷一样严厉，而我也早已继承了小时候被筷子打出来的每一个规矩。

在性格上贯穿的主线很像我的父亲，沉默、敏感、感情丰富但是常常不会温和地表达。

有一次不小心手机关机一整天，父亲担心得不得了，放下所有工作飞速开车回家找我，但见到安然无恙的我他又只会气急败坏地摆出一副凶相吼我几句……高考后的暑假关系到填志愿我几乎没有好好和父亲说过话，因为两人谁都不愿意向对方妥协，所以刚开始心平气和地谈话，没几句就以摔门、冷战而结束，最后他选择妥协的方式是通过微信告知我。最后录取结果正合我意，他发来一张照片，是一顿丰盛的晚餐和两瓶啤酒，然后我父亲破天荒地发了一个猪头的表情，说这下你满意了吧……

其实他关心自己孩子的心思我都懂，然而这么多年来可能因为学业而使生活方式不断改变的原因，父亲和我始终没有找到合适的相处方式。就像一只大刺猬和小刺猬，想靠近对方，却每次都用刺来表达。

还记得电视剧《情深深雨蒙蒙》里，依萍在奄奄一息时对何书桓坦白，她其实每一次说出狠话来把他气走时心里是很盼望他能回头的，但她固执骄傲的性格不允许她这样说出来，因此两个人总是在互相伤害。当我长大后再看这一段，发现亲密关系中的自己也时常陷入类似的困境，总是期盼对方能看到芒刺背后的软弱。

我常常想，母亲和外婆大概是我所认识的人当中最好的两个人了。庆幸的是，表面上的我也学来一些她们的行为方式和处事态度。

晚上外卖小哥来送酸菜鱼，我们家住六楼，楼道里的灯坏了，他走的时候妈妈默默把门开着，光亮一直延伸，到小哥的脚步走远她才把门关上。

在外婆家吃饭，外婆正在厨房忙碌，村里一个遭人嫌弃的有智力障碍的人走到了门口呆呆地站着，没有人理他，清晰地记得外婆盛了两个刚炸好的大大的狮子头送给他吃。外婆在我心里是冬日的暖阳。

因为小时候看在眼里的这些点滴，教会我以谦和的姿态对待他们，不吝惜给别人带去温暖的机会。玩了一款游戏打发时间，却接连输得气急败坏，然后遇到一个对手，不断向我示好，如果让着他能为他带来很大便利，自己却要损失一些排名，想想最后还是让了，下次说不定我也会遇到和他同样的境遇呢？没想到却因此交到一个有趣的朋友。

而因为性格特点，对待家人时常采用对抗的姿态。从小就学成爸爸的样子，不撒娇，不显示出懦弱，和妈妈吵架以后即使很想让她妥协也不会表现出来，大冬天只穿一件秋衣在家里走动，希望以此得到她的关注并引起她的愧疚。这种方法每次也都会奏效，从妈妈轻轻的一声“唉”中就能看出来。很多时候，妈妈就像温暖的水，默默地融化我心里的坚冰。

就家族关系而言，祖父母辈庞大的血缘网络至今仍在互通有无，因此从小过年和节假日都被包围在一张庞大的关系网中，亲情对我而言就比普通的三代之家要热闹得多，家族对于血缘关系的重视慢慢根植在我心中，即使去很远的地方生活很久，仍然不敢丢掉这一份应有的牵绊。

家庭对我来说，是一片肥沃的土壤，是让我攀爬的结实架子，是阳光，是雨露，而我是这样一株瓜苗。

当你内心强大，整个世界都会对你和颜悦色：观影《公主日记》

苏茹昕

“勇者并非无所畏惧，而是他们能够判断出还有比恐惧更重要的东西。愚勇不可取，故步自封则一点机会都没有。从今起，你将踏上旅程，了解自己和自己的能耐，重点是你要自己完成它。”

1. 公主的自我成长与救赎

在电影中，米娅本是生活在美国旧金山的一名普普通通的高中生。她衣着普通，害怕上台演讲，常常被人忽视。但在她16岁生日前，她的奶奶找到了她，并且告知她是另一个国家——基诺维亚的公主，而她的父亲不幸去世了，所以她拥有继承权和统治权。

米娅一开始是惊讶、愤怒和拒绝的，之后才渐渐地尝试去接受自己的身份，在外貌、仪态上都进行了改造，渐渐地像一个公主。但是因造型师的泄密，米娅的身份被提前公开，她喜欢的男生利用她，学校里的女生嫉妒并陷害她……米娅陷入了尴尬。

经历了这些，米娅开始成长、思考，但仍然对接受公主头衔、统治国家感到恐惧和抗拒。最终是父亲写给她的信让她找到了信心，勇敢地面对未知的将来。

2. 三重自我视角下的公主蜕变

现代自我心理学之父威廉·詹姆斯将自我分为了物质自我、社会自我和精神自我。在这部影片中，米娅的三个自我都发生了变化。在物质自我层面，她因为拥有了公主的身份，所以，穿上了华丽的礼服，带上了精致的皇冠。而随着媒体的曝光，她的社会自我也发生了极大的变化。在学校里面，她因为公主的身份受到了与以往完全不同的待遇，从一个普通的民众变成了备受关注的公众人物。最后，她的精神自我也发生了一些变化，她变得更加勇敢，对自己的认识更加清晰。

然而，适应不同身份，产生新的自我意识并不是一蹴而就的。米娅最初所做的改变都是被动的，她并没有发自内心地接受公主的身份和职责。可能她甚至没有意识到自己性格中那些被他人抓住但自己却不是很了解的弱点，因此轻易地相信了别人，并一再吃亏。当经历了挫折后，她开始失落、自我怀疑。但在亲人和朋友的帮助下，她从这一不舒服的体验中获得了成长。通过自我反思，她更好地提升了自我意识，并学会了评估自己行为的恰当性。

另一方面，她的自我意识也渐渐地从只关注自我转变到关注自己对他人的影响力。霍尔强调，自我意识的两个组成部分包括内部（认识到自己的内心状态）和外部（认识到自己对他人的影响）。米娅除了更加清楚地认识到自己的优势和劣势以外，也在朋友莉莉和父亲的帮助下，认识到自己作为公主对他人的影响力。也正是因为这一信念，米娅找到了成为公主的意义，获得了站在讲台上的勇气。

在米娅蜕变的过程中，她变得越来越符合公主的身份。

3. 在现实中寻找自我改变的勇气

相信每个女孩心中都曾有个公主梦，梦想着成为一个优雅的公主，有爱她的白马王子……而这部影片则告诉我们，公主并非生来优雅，她们拥有的也并不只是坦途和幸福。正如影片中奶奶说的："人们以为公主只是戴着皇冠，嫁给王子，幸福快乐地生活直到永远。但不只如此，这是真正的工作。”公主的成长同样是充满挑战、需要勇气的。

在现实生活中，几乎没有人会在十五岁的时候突然得知自己原来是一位尊贵的公主，需要改头换面，去继承一个国家。但是，我们或多或少会遇到与“公主”相似的情况。比如，我们也可能遇到父母工作发生变化，成为某一社团的负责人，进入职场等情况。这意味着我们需要在原有身份上叠加新的身份，或者从一个身份转变为另一个身份。一开始，我们也可能和米娅一样，没有准备好，对此感到不适和迷茫，甚至闹出笑话。但当我们勇于接受现实自我与应该自我之间的差距，乐于走出自己的舒适区去尝试、挑战，真正行动起来，并善于从失败中反思和汲取经验时，我们就会在这一系列过程中完成真正意义上的自我蜕变！

我继承了爸妈的自尊

| 都汉彬

1. 自尊可被遗传

自尊是指个体对自我的情感性评价，是自我领域研究最多的课题之一。

在众多关于自尊的探讨中，从行为遗传学视角对自尊进行的研究以其对自尊发生基础的考察而独树一帜。双生子研究是行为遗传学的经典方法。通过比较同卵双生子（Monozygotic twins，MZ）和异卵双生子（Dizygotic twins，DZ）的行为相似度（一般用组内相关系数进行测量）的差异，可以估计出遗传和环境各自对行为的影响。同卵双生子的基因完全一样，而异卵双生子的等位基因的相似度平均为50%。

共享环境是指每对双生子共享的环境条件，包括家庭的社会经济地位、同一所学校、相同的老师等，都会使双生子彼此更加相似。

非共享环境则指生活事件、疾病、朋友等每个个体特有的环境条件，不会增加双生子之间的相似性，也是唯一导致同卵双生子彼此不同的原因。非共享环境中还包括了测试误差。

经典的双生子设计只包括共同成长的双生子，一般假设共享环境对于共同成长的双生子成员都是一样的。因此，如果在某行为或特征上，同卵双生子比异卵双生子更为相似（即相关更高），则说明该行为或特征的个体差异受到遗传影响，即具有遗传性。

没有谁能永远地陪在你身边，给你永远的依赖。

2. 来自双生子研究的证据

自尊的双生子研究最早出现在1993年，早期的研究主要探讨自尊本身是否可以遗传，近年来研究者们开始考察自尊稳定性的遗传基础以及自尊与其他特质共变关系的遗传基础。经过二十多年的发展，已经积累了相当数量的关于自尊的双生子研究。

自尊具有遗传性的最有力证据来自一项涉及3793对18到60岁的双生子的研究，其结果不仅证实遗传和非共享环境对自尊有显著影响，而且发现影响男性和女性自尊的遗传因素是相同的，遗传效应只存在微弱的数量差异——男性遗传度为29%，女性为32%。但以上研究为横断研究，被试的年龄跨度较大，无法表明自尊的遗传度是否随年龄变化而变化。

近期两项关于双生子的追踪研究显示，自尊的遗传性会随着年龄的变化而变化。一项芬兰的双生子纵向研究显示，年龄增长的确会引起自尊遗传度改变：14岁时，男性的遗传度为62%，女性的为40%；17岁时，男性和女性的遗传度都有所下降，分别为48%和29%。

另一项美国的研究对741对双生子进行了为期7年的跟踪，结果发现：在青少年时期，自尊的个体差异有近一半是遗传导致的，即15岁时遗传度为42.5%，16.5岁时为45%；但是进入成年期后（平均年龄21.8岁），遗传度减少到13%。

> 尊敬一事无成的自己，就能有改变现实的力量。决不可妄自菲薄。那样无异于将自己的行为与思想五花大绑。一切从尊敬自己开始。尊敬毫无经验的自己，尊敬一无所成的自己，将自己当个人看。只要你尊敬自己，便会无法作恶，便会无法做出不配为人的轻蔑举止。
>
> ——《权力意志》

批评是无用的，它激起抵触，让人急于辩白；

批评是危险的，它伤害自尊，甚至让人萌生恨意。

——《人性的弱点》

3. 自尊可遗传性的文化与个体差异

上述研究都是在西方文化背景下完成的。2001年，日本学者首次在东方文化下考察了自尊的遗传性，他们发现日本青少年的自尊的个体差异一半来自遗传，一半来自非共享环境。2007年，学者们对另一批日本青少年双生子进行了先后两轮测验（间隔1.3年），两次均发现了显著的遗传效应：第一次的遗传度为31%，第二次为49%。可见，东方文化下自尊的遗传度和西方相近。但是，由于这两项研究的样本量较小，各自仅调查了81对和100对双生子，在一定程度上限制了结论的可信性。

为了对自尊的遗传性形成整体、量化的认识，对现有研究结果进行了一个简单的元分析，现有结果表明：随着年龄增加，自尊的遗传度会下降，一个可能的原因是环境影响的增加。另外，自尊的遗传性存在性别差异，虽然影响男性和女性自尊的遗传因素是相同的，但影响的程度不同，青少年时期男性自尊的遗传度高于女性，但成年后男女遗传度则比较接近。

不要随随便便同情失败者，这会伤了他的自尊心。

——《海贼王》

如果可以再回到童年：我看《功夫熊猫2》

| 王云�

《功夫熊猫》是美国梦工厂动画制作的以中国功夫为题材的系列动画电影，一共三部，在全世界，尤其是中国，取得了非常大的成功。这个系列的动画电影对中国传统文化的运用着实让人叹为观止，是我最喜爱的动画系列之一。但是真正让我如痴如醉的，却并非是它的中国风，而是其中蕴含的对自我的哲理性思考，这一点主要体现在《功夫熊猫2》中。

从第一部《功夫熊猫》中我们可以知道，熊猫阿宝从小就被鹅爸爸平先生收养，在平先生的面馆里过着幸福安宁的生活，并且热爱功夫的他凭着机缘巧合和自己的独特天赋成为受人敬仰的神龙大侠，保护着和平谷的安宁。但是到了第二部，一次打击狼匪的经历偶然唤起了一点他的童年记忆，让他开始思考自己的身世，即“我是谁”的问题，但是平先生能告诉阿宝的只有他是在一个萝卜筐里被发现的。

之后，阿宝在前去宫门城打败沈王爷的过程中，终于找到了答案：原来，在他还是一个宝宝时，沈王爷发现了用于制作烟花的火药可以用来制作威力无比的炸弹，可以打败功夫，征服中国，于是羊仙姑预言沈王爷将来会被一个黑白大侠打败，因而导致了熊猫村的灭顶之灾，在逃亡之际，阿宝的妈妈把他藏在了一个萝卜筐里，引开了追兵，才使他得以逃脱……

这就是《功夫熊猫2》的基本剧情，它其实包括两条主线，一条是明线，即阿宝和盖世五侠一起打败沈王爷，拯救功夫，拯救中国；另一条是暗线，即阿宝寻找自己的身世的过程。也正是这条暗线，让《功夫熊猫2》区别于第一部的激动人心和热血沸腾的风格，而具有了跌宕起伏、婉转细腻的情感深度，格外地耐人寻味，甚至当细细品味时，会不禁潸然泪下。

那么对于阿宝来说，困扰他的问题到底是什么呢？或者说，所谓的身世问题，或“我是谁”问题，具体表现是什么呢？

对于这样一部全部角色都是动物的动画电影来说，有一个问题其实是很有趣的，阿宝知道自己是被收养的吗？对于观众来说，再简单不过了，阿宝当然是被收养的，他是一只熊猫，而他的爸爸是一只鹅！在前两部动画中，有三处笑点的设置就是建立在这样一个看似很荒谬的事实上。但是对于阿宝来说，其实他并不知道，当他在去往宫门城的船上为自己的身世问题困扰不已、无法入睡时，悍娇虎问他怎么了，他说：“我刚发现我爸爸不是我的亲爸爸。”

故事再往前一点点，当阿宝正要离开和平谷前往宫门城时，平先生拦住了他，拿出好多画有他们的珍贵回忆的画，劝他不要走，但是阿宝说：“我必须走，我是神龙大侠，拯救功夫是我的责任。如果我不去，我成什么了？”平先生立刻回答道：“你是我的儿子啊！”阿宝突然变得不知所措。从这段中可以看出，阿宝的自我概念其实是有两个身份构成的：一个身份是平先生的儿子，另一个身份是神龙大侠。这两个身份，其实就是阿宝已经建立完成的自我同一性，足以让阿宝在和平谷过上幸福充实的生活。但是这种幸福，同时又似乎是脆弱不堪的，因为他的这两个身份，在第二部中全都要面临毁灭性的挑战。

当阿宝的童年记忆被唤醒一点时，当他面对平先生的关心和挽留不知所措时，当他说出“我刚发现我爸爸不是我的亲爸爸”时，他就已经在怀疑他的第一个身份了，而一旦怀疑，便再难装作一无所知。所以他不能留下，他必须离开平先生，他必须去寻找他的过去。这便是电影中暗线的部分。

至于他的第二个身份，当功夫高超、所向披靡的阿宝在面对沈王爷专门为了打败功夫而制造的大炮毫无还手之力时，当他被一炮打到天际，身受重伤，顺着小河漂荡无据时，这个身份也就自然跟着土崩瓦解了。这便是电影中明线的部分。他原本已经建立完成的自我同一性，或者说自我认同，片刻之间分崩离析、灰飞烟灭，这是何等之痛啊！师傅交给他的任务是去拯救功夫，但是对于阿宝来说，无论是寻找过去，还是打败沈王爷，其实都只是一个任务——拯救自己。

只有到了此时，只有破除了原先的两个外界加给他的身份，他才开始了真正的自我探索。当他在熊猫村遗址上全部回忆起了自己的童年经历，当他终于找到了内心的平静，终于练成了足以打败沈王爷的大炮进而拯救功夫的太极时，他才真正接触到了自我，一个全新的自我，既不再是原先的平先生的儿子，也不再是原先的神龙大侠，而是两者的整合，是所有过去经验的整合，与平先生的亲密关系和成为神龙大侠的经历，才真正地融为一体。于是，阿宝不再有两个身份，而是只有一个身份。所以，当羊仙姑再问他，“那么，你是谁呢？”阿宝只回答说，“我是阿宝！”

但是，当原先的两个身份整合完成之后，并不是说阿宝从此以后就只是阿宝，不再是其他身份了。而是说，他重新建立起的自我认同，或者说身份认同，是基于对自己的所有经验的充分接纳的，这种自我认同是一种成熟的、彻底的、完善的、和谐的、核心的自我认同，这也就是第二部中反复提到的“内心平静”（Inner

Peace）。有了这个自我认同核心，他便可以更好地担当其他任何身份。所以，当阿宝回到家，重新见到平先生时，他对平先生说："我知道我是谁了，我是您的儿子。"

在这部电影中，与阿宝正好相对应的是沈王爷，他因为之前被父母赶出了宫门城而一直怀恨在心。当他被阿宝打败时，他困惑不解地问："你是怎么做到的？你是怎么找到内心的平静的？我让你失去了父母，失去了一切，我让你的心灵留下伤疤。"阿宝回答说："伤疤是会痊愈的。你应该放下过去，因为过去并不重要，唯一重要的是你现在选择做什么样的人。"也正如羊仙姑之前对阿宝所说："你的身世虽然很不幸，但是这并不能决定你是谁。真正重要的是以后的故事，是你选择成为谁。"

所以这部电影所秉持的自我观其实是与以弗洛伊德为代表的强调一个人的自我是由童年经历（尤其是童年创伤）塑造的这样一派观点截然相反的，它所秉持的是一种强调个体的积极性和能动性、充满希望的自我观，这一点是与人本主义的精神相契合的。

如果可以回到童年，我想对自己说：你长大后也许会成为一名心理学家，所以，你现在经历的一切都具有非凡的价值，它们会帮助你找寻心灵的本质，在找到心灵的本质之前，你首先要成为你自己。

谁控制了过去，谁就控制了未来：观影《健忘村》

王浩语

“谁控制了过去，谁就控制了未来”，乔治·威尔的这句话就是电影《健忘村》的最好说明。电影讲述了一个关于记忆与自我的荒诞不经的故事。

故事分两条线。一条线是有钱的财主员外发现村庄是一个风水宝地，村中有龙脉，于是联合土匪准备屠村，霸占村庄。这一条线并不是本文讲述的重点。本文讲述的重点是另外一条关于记忆的线。有一天，自称“天虹真人”的天贵手持宝器“忘忧”来到了这个村庄，宝器可以消除人们的记忆，帮助人们忘掉不快乐的事，所以叫作“忘忧”。这时刚好丁村长想要村民集资修铁路，但是村民不同意，不愿意出钱。

丁村长发现宝器可以消除人们的记忆，只要消除了村民的记忆，他就可以控制村民，让他们集资修铁路。没想到丁村长反而中了田贵的圈套，在除了丁村长外的所有村民的记忆被消除后，田贵控制了村民，并且强制消除了丁村长的记忆。从此，整个村庄的村民都失去了过去的记忆，失去了自我。田贵告诉村民自己是村长，是从土匪手中拯救了村庄的英雄。村民成了田贵的傀儡，被随意地编排为甲乙丙丁，每个人都只是一个简单的代号，每天只是帮田贵在村中寻宝，挖宝藏。

女主秋蓉，也就是村里最漂亮的女人，成了田贵的老婆。每个人就像行尸走肉一样，完全不能称作人。田贵控制了他们的记忆，他们的一切都是由田贵告诉他们，安排给他们的，更有甚者，当村里缺少粮食，当他们感到饥饿时，田贵选择了让他们消除记忆，忘记自己没有吃过饭，忘记自己的饥饿。田贵控制了村民的过去，也就控制了村民的未来。

影片的结尾处，秋蓉读到了自己以前和心爱的人之间的来往信件，渐渐恢复了记忆，想起了以前的事，想起了发生的一切，秋蓉在记忆中重新找回了自我，并且找到了帮助村民恢复记忆的办法，秋蓉答应帮助村民恢复记忆，联合村民推翻了田贵的统治，但是在影片的最后，秋蓉并没有兑现自己的诺言，帮助村民恢复记忆，秋蓉再一次控制了村民的记忆，然后开始自己对这个村庄的统治。

个体的自我依赖于个体自身的记忆。个体自传体记忆是关注个人经历的事件进行回忆的一种记忆，它有助于个体建立自我意识，有助于提高个体在世界上坚持自我导向的能力以及在过去经验影响下去有效地解决问题，更好地追求目标。自传体记忆为自我的建立提供了基础，并维持自我的连续性及心理动力方面的完整性。影片中的村民失去了自传体记忆，他们对过去经验的了解和回忆全部来自统治。他们每一天都会接受记忆消除，不能保存任何记忆，他们也就没法建构自我，更不可能保持自我的连续性和心理动力方面的完整性，他们的自我是由掌控他们记忆的统治者塑造的，所以他们是没有自我的。

影片为了达到喜剧的效果，夸张到甚至个体的生理反应也是可以通过记忆消除的，例如饥饿时消除了记忆，大家就不用吃饭又去干活了。我们都知道童年的经验会在很大的程度上影响一个人的人生，童年经验的影响一部分来自我们对童年事件的记忆，另一部分来自我们无法回忆但是已经内化为我们的道德的童年经验。然而影片中的村民所有的记忆都被消除了，他们已经无法回忆起过去的任何事件。内化的道德感是和社会风俗道德相一致的，然而当整个村庄都失去了记忆，整个社会的集体记忆也就被消除了，集体记忆同样来自统治者，因此，童年经验完全无法起作用。

虽然有研究显示，维持自我的连续一致性更多的是靠个体连续的道德责任感，但是个体的道德责任感依赖于整个社会的集体记忆。当所有的村民都失去了记忆，社会的道德也就无法存在，个体没有了社会参照，是完全没有办法确定自己的道德，维持自我的一致性的。

个体的记忆建构了自我，社会的记忆建构了社会道德。当我们失去自己的记忆时，我们还能以社会为参照，根据社会道德修正自己的行为，维持自我的一致性，但是当社会失去了记忆，社会道德也就需要重新建构，谁控制了过去，谁就可以引导社会道德建构的方向，谁就可以控制未来。就像田贵或者秋蓉那样，控制了村民的记忆，就控制了村民的过去；控制了村庄的记忆，就控制了村庄的过去，也就控制了村民和村庄的未来。

“过去我”的诠释，“现在我”的救赎：读《没有色彩的多崎作和他的巡礼之年》

| 唐东

1. 从《没有色彩的多崎作和他的巡礼之年》谈起

某位心理学家说过：“儿童是成人之父。”

从教育家的视角来看，大抵是在说童年教育的重要性吧。但从自我解读的话，又不太一样了——我们的童年塑造了我们的成年，现在的我从过去中诞生。

我们对“现在我”的存在认知，大概都能从“过去我”中找到原因。很多人都同意这样的观点：过去的负面环境和事件，塑造了现在的我们。但是事已发生，难道我们的人生就要一辈子被注定吗？

这个答案，就让我们先从村上春树的一本书中来寻找吧。

《没有色彩的多崎作和他的巡礼之年》讲述了名为多崎作的青年在自杀前，决定寻找过去事件真相的故事。

多崎作有四个要好的玩伴——身材矮小但成绩出类拔萃的赤松，体格健壮性格爽朗的青海，美丽文静且弹得一手好琴的白根，以及活泼幽默的黑野。他们的名字都带有色彩，唯有主人公多崎作的名字例外，为此，多崎作经常想，自己是否真的被需要？如果没有自己，其余四人会不会更加亲密无间、快快乐乐地相处下去？

更何况，这样一个三男两女的圈子里，如果彼此爱慕的话，总有一个人是要出局的，为了避免这个情况，五个人默契地达成共识，谁也不能对圈子中的两个女孩——白和黑，有超过友谊的感情存在。

少男少女们保持着这样一种微妙的平衡关系，度过了他们的高中。

然而，在大二的时候，多崎作突然接到了来自青的一通电话——“以后不要再联系了。”

不带丝毫情感色彩，就这样，没有任何原因自己便被抛弃了。

或许是与他们的羁绊太深，这样被突然斩断，对多崎作来说，好像是整个世界都消失了色彩一般。于是，便有了故事开篇那些与生死共舞的句子。

不知是幸运还是不幸，多崎作没有在身边找到那个正确地通向死亡的大门。然而，在他成年以后，以一件事为契机，十六年前被伙伴抛弃的回忆终于重新袭来，明明灭灭，暧昧不清。以此为契机，多崎终于踏上了探求往事之路。

人与人之间总要发生联系的，不向对方倾诉，也无法更客观地直视自己的伤口，结局往往是自己在痛苦的沼泽中虚妄地挣扎，而无法被任何人救赎。意识到这一点的多崎作，也终于能在被抛弃的十六年后，向好友们倾诉了真实的自己，也了解了全部的真相。

在小说的结尾，黑野向多崎作说的话更是触动人心："听着，作，有一件事你得记住了，你并不是缺乏色彩，那种东西仅仅是姓名而已，我们的确拿这件事来开过你的玩笑，可全都没有意义。其实，你是个无比优秀，色彩丰富的人，为了看我一眼甚至还一个人坐飞机到芬兰来。你什么都不缺，你要有自信，要有勇气。你需要的就是这两样。千万别因为怯懦和无聊的自尊失去心爱的人。"

这番真相，和他所想象的过去不大一样。

救赎，因为过去我的改变而改变。

那么，现在，我们就来回答开篇提到的问题吧。我们的过去就这样决定了我们的现在吗？我们对于改变无能为力吗？

否。

我们对于"过去我"的认知，是存在于记忆里的。在我看来，过去我不过是记忆中的一部分，记录、保存、再现、回忆。这一系列的编码，会因为各种因素造成偏差，不同的人身上发生了同一件事，他们定会以不同的编码将自己保存下来，形成了“过去我”。

所以说，“过去我”并不是一个客观的事物，而是主观的认知——从这个主观认知中诞生的“过去我”，就是今天想给大家谈论的叙事身份。

叙事，是基于当下对过去的一种认知建构——对于过去的时间，我们选择性地记住一些，选择性地忘记一些，选择性地模糊掉一些。

叙事身份，则是在解读过去的自我时，形成了“我是什么样的人”的身份感。叙事身份主观地讲述过去事件，主观地理解过去的自我与自我、与他人、与世界的关系，从而形成一套框架，使我们得以诠释现在。

从这个角度出发，我们不难理解——历史是可以重写的。

2. 全新的过去——重新编排与诠释

一个好的故事不仅可以治愈自己，还可以从中找寻自信和认同，透过令人愉悦、感动的故事，我们可以正视过去，重新找到面对烦恼现实的方法，并发展出一个继续努力，正向发展未来的深层动机和强大动力。

因此，做出拯救的第一步，就是对“过去我”的重新解释，形成一个全新的“叙事身份”。

那么，如何做出改变呢？你要认识到以下几个观点：

（1）你≠问题

这一步帮助你意识到，问题的发生也许并不是你的过错。很多离婚家庭的儿童都会将父母离婚归因于自己的过错，他们认为，自己才是问题本身。这样的叙事风格深深地影响着他们成年后的生活，他们变得过于苛责自己，从来不满意于自身。当你认为问题在于自身时，不妨再仔细回忆一下当时的情境，将自己从当时的场景中抽离出来，作为旁观者去观察它，尝试发现自己所做的努力、他人给予自己的帮助，以及在这个过程中你的想法与感受。

（2）放下主流的文化量尺

个人问题的形成，很大程度上也与其所处的主流文化有关。主流文化体系塑造着人们的价值观，例如“什么样的人才是成功的”“什么样的行为才是正确的”“什么样的生活才是生活的”，趋于一致的社会观念压抑了个体更加丰富的潜能。不妨抛弃这些概念，从内心重新审视你的结论。

（3）发现故事的新意义

从一个全新的角度来看待故事时，你或许会有不一样的感受与解读。形成新的角度有很多方法，例如你可以对过去有一个积极再认知——问问自己，从这些过去中，我获得了什么？我的力量体现在哪里？我掌控了哪些部分？也许刚开始形成对过去的新的认知是一个冲突的过程，但是这些都是正常的。改变习以为常的叙事风格，创造一个新的“过去我”，会创造出一个新的“现在我”，继而改变对现在与未来的诠释。

让我们回到小说，我们不难发现，《没有色彩的多崎作和他的巡礼之年》是一部有着心理学色彩的迷人作品，在现实尽头藏着自我意识的魂儿，主人公的巡礼便是试图从往事的余烬中扒出几分真实，形成一个新的“叙事身份”，找到让此时此地的自己获得存在意义的某种理由，完成对“过去我”的解读和对“现在我”的救赎。

所以，并不是一切都消失在时间的长河里了。我们要坚定地相信某种东西，拥有能够坚定地相信某种东西的自我，这样的信念绝不会毫无意义地烟消云散。

最后，愿每一个灵魂都能完成一场巡礼。

这一次，你要靠自己：说说《摔跤吧！爸爸》

刘思佳

“爸爸不是每一次都会救你，这一次，你要靠自己。”

这是一部上映首日只有13.3%排片的励志电影，却在上映十天后排片量翻了一倍。我身边的小伙伴说，瞧，又是一部印度电影。一直以来，从《三傻大闹宝莱坞》开始，印度电影以其低廉的成本和惊人的票房慢慢占据着我们的视线，阿米尔汗这个名字也慢慢深入人心。这值得引起我们的反思，没有炫酷的特效，没有华丽的衣着，印度电影何以成为票房黑马？仅从一个观影者的角度来说，如果要我说为何看一个2D电影都觉得津津有味，反而比某些美国大片更值回票价，那么我觉得，大概是因为这些电影轻松搞笑的背后，往往令人回味无穷吧。

第一次看这部影片，是最近被毕业压得喘不过气的舍友们，抱着看一个轻松的电影来放松一下的心态来看的，第二次，是陪着爸妈一起来看的，这一次看到了更多的细节，也有了更多的感触。

影片讲述了一个真实的故事。印度冠军摔跤手马哈维亚·辛格·珀尕（电影中的爸爸）在年轻时因生活所迫放弃摔跤，但心中仍一直保有为印度赢得世界级摔跤金牌的梦想。所以他特别希望能有个儿子，继承他的梦想与事业。然而很有趣的是，用尽了所有生儿子的秘方，他还是接连成了四个女儿的父亲。几乎已经心灰意冷的他，因为一次偶然的机会，在大女儿和二女儿身上看到了摔跤的天赋，而后开始不顾一切人的眼光，培养自己的女儿一步一步成为世界级的摔跤手。

影片最后，爸爸终于对吉塔说出了那句话：“你是我的骄傲。”在我看来，经过漫长的训练和身心的成长，吉塔终于完成了从为父亲而战到为自己而战的转变。这不正是与千千万万个我们相似的成长经历吗？最开始的时候，爸爸希望有个儿子可以完成他世界冠军的梦想，然而四个女儿使他不得不放弃了自己的梦想。一次偶然的机会让他发现女儿也是可以成为世界冠军的。从此以后，他的两个女儿开始为父亲的理想而训练。这中间，她们无数次地抱怨，无数次地请求爸爸不要再折磨她们了，无数次地暗中使坏。在这期间，她们一直认为自己是为了爸爸的理想而受到这样的折磨，直到一次偷偷跑去参加一场婚礼，听到新娘诉说自己命运悲惨的一生，终于发现其实自己有这样的爸爸是何其幸运。这里其实是一个小转折点，她们开始认识到爸爸对自己的严格要求是出于对她们的爱，而并不只是为了实现自己的梦想。后来，渐渐长大的姐妹二人，也开始渐渐爱上摔跤这项运动，从邦级冠军，一步步成为全国冠军，并且进入了国家体育学院进行深造。而在学院学习期间，吉塔遭遇了运动生涯一段最为黑暗的岁月。由于教练不能很好地了解吉塔进攻的优势，并且没有什么理想，只要求她们得三块金牌，吉塔的优势被掩盖了，在不合适的训练之下，吉塔遭遇了一次又一次的失败。她变得麻木和消沉，直到妹妹的到来，让她意识到爸爸才是她们永远的港湾。在一次和爸爸的通话中，吉塔泣不成声，也因此解开了心结，重整旗鼓。这里又是吉塔摔跤生涯中的一个转折，她终于敢于面对自己的错误，重新认识了爸爸才是真正了解并真正为自己好的人。这个时候的吉塔，摔跤已经不仅仅是为了实现爸爸的理想，现在看来，这已经成为她自己人生理想的一部分。但同时她又还没有清楚地认识自己，还不能完全离开爸爸独立。

直到最后的那场决赛，爸爸被黑心教练所骗，在吉塔最为重要的比赛之时被关进了小黑屋。此时场上的吉塔频频望向爸爸的座位，却看不到爸爸的身影。吉塔仿佛失了主心骨一样，得不到爸爸的支持和关键时刻战略的指导，吉塔在最后一局只剩十几秒的时候落后四分之多。然而在这关键时刻，她回忆起小时候爸爸把她扔进水里，并说："爸爸不是每次都会救你，这一次，要靠你自己。"在这一刻，吉塔真正实现了为自己而战的转变，能够真正地依靠自己实现自己的梦想。当印度国歌响起的那一刻，我相信影院的很多观众都湿了眼眶。

人只有在真正了解自己，了解自己的追求并为理想而努力的时候，他才真正变得成熟。不是每一次遭遇困难时都有人能伸出援手，这一次，我们只能靠自己。

从象征意义上讲，片中爸爸就像每个人生命中富有智慧和力量的神，你每日认真地生活和工作就是对神最虔诚的祷告。"如果神没有帮你，那是因为他相信你的力量！"

现实、理想与应该间的差距：从《追风筝的人》看自我救赎

王轶楠

我们每个人，或多或少，在年幼的时候，都做过一些让自己今后感到羞愧的事，这些事可能如影子一般伴随自己一生，让你只能低着头去看它。可是时光不会掉头，自己尽力地弥补，何尝不是一种自我拯救呢？

1. 一本书：《追风筝的人》

这是一个机会，一个抛开罪恶感，重新找回那个善良纯真的自我的机会……

20世纪70年代，阿富汗，十二岁的埃米尔和他家的仆人哈桑，两个人是感情很深的好朋友。由于都对风筝有着难以抑制的喜爱，

他们瞒着家长参加了斗风筝大赛，其实埃米尔是想给一直独立抚养自己的父亲巴巴一个惊喜。

然而这一切，都在他们最终赢得斗风筝大赛之后被打得粉碎。鉴于埃米尔过于懦弱胆小，所以他眼睁睁地看着哈桑被一个来自普什图族的暴徒残忍地强奸，却始终没办法付诸行动。两人的友谊就此切断，随后埃米尔移民美国，带着缠绕了自己一生的负罪感。

2000年，已经是功成名就的知名作家的埃米尔因为儿时挥之不去的梦魇和记忆，在良心上受到了难以忍受的折磨，所以他毅然从旧金山回到充满了不可预料的危机的阿富汗的首都喀布尔，那个印记了两个人之间的一点一滴的城市，埃米尔决定面对自己的心魔，勇敢地迈出走向救赎之路的第一步。他要正视长久以来困扰着自己的那些秘密，做最后一次大胆的尝试，希望将一切都重新归进正轨，找回那个被遗失在过去的自我。

2006年，《追风筝的人》由获得过金球奖提名，并执导过《笔下求生》《寻找梦幻岛》和《死囚之舞》的导演马克·福斯特负责将这部卡勒德·胡赛尼创作的畅销小说搬上大银幕，他连同来自世界各国的演员和工作人员，再加上一些阿富汗和中亚地区本土的临时演员，共同演绎了这个非常大众化的人性故事，专门讲给那些渴望着获得第二次机会的人听，希望以此带来一些实质的改变，找到他们梦寐以求的宽恕。

2. 一个作者：卡勒德·胡赛尼

卡勒德·胡赛尼（Khaled Hosseini），1965年生于阿富汗斯坦首都喀布尔市，后随父亲迁往美国。胡赛尼毕业于加州大学圣地亚哥医学系，现居加州。“立志拂去蒙在阿富汗斯坦普通民众面孔的尘灰，将背后灵魂的悸动展示给世人。”

对于卡勒德·胡赛尼来说，《追风筝的人》大受欢迎也引起了连锁反应，给他带来了极大的满足感，胡赛尼说：“小说能够引起这么大的动静，我多多少少还是有那么点惊讶的，但回头想想，也就不难理解了。其实人们看重的，相信还是小说营造的那个强烈的情感氛围，这里讲述的主题——罪行、友谊、宽恕、失去以及对于弥补过失的欲望，都可以和你的切身经历联系起来，可以让你成为比想象中更好的那个人。这不是专属于阿富汗的主题，而是有关人性之旅的，无论什么样的种族、文化和宗教背景，都能接受它。”

3. 一些摘录

◇ 许多年过去了，人们说陈年旧事可以被埋葬，然而我终于明白这是错的，因为往事会自行爬上来。

◇ 我们总喜欢给自己找很多理由去解释自己的懦弱，总是自欺欺人地去相信那些美丽的谎言，总是去掩饰自己内心的恐惧，总是去逃避自己犯下的罪行。但事实总是，有一天，我们不得不坦然面对那些罪恶，给自己心灵予救赎。

◇ 我们在人生的不同时期都会曾不惜一切去追逐当下最执着的想要得到的事物，它也许只是爸爸的专宠、兄弟的情谊、对那个一直暗恋的王子抑或公主的爱慕……所有的一切都有可能成为我们那时心中的风筝，我们奔跑着，一直向前，眼中心里想的都是它。可是当时光滚滚向前，我们是否发现曾经执着追寻的、或为此放弃了的是否都是值得的呢？为了得到，我们曾选择放弃、背叛、谎言、隐忍……可是那短暂的得到又会怎样呢，幸福和快乐只是慢慢地淹没在自责、愧疚和恐惧中！

◇ 我们是否知道我们心中的风筝到底在什么地方，人生错过就不会再得到，也许我们会忏悔，会救赎，但这些似乎都已经晚了，每当天空放飞起风筝的那一刻，我们是不是应该问问自己我们是否真的珍惜我们所拥有的一切。

4. 一种解读

想用一种心理学理论来解读一本如此受欢迎的书，是一件费力而不讨好的事情。

书中故事的发生地在阿富汗，但是，文化，地域和年代的差异并不影响我们对书中人物的情绪——恐惧、内疚、羞愧、悲伤、羞耻——感同身受般地熟悉。因为在每一段真正的成长历程中，个体都不可避免地会遭遇理想自我、应该自我和现实自我间的冲突。通过解释不同自我间的差距所可能导致的结果，自我差异理论为我们提供了一条可供更好地了解自我，接纳自我，解救自我的途径。

自我差异理论认为，个体的自我概念包括以下三个部分：

◇ 现实自我（actual self）：指个体自己或他人认为个体实际具备的特性的表征。

◇ 理想自我（ideal self）：指个体自己或他人希望个体理想上应具备的特性的表征。

◇ 应该自我（ought self）：指个体自己或他人认为个体有义务或责任具备的特性的表征。

理想自我和应该自我是引导现实自我的标准，当现实自我与这些标准有差异时，就会产生要减少这种差异的动机，这种动机推动着人们以达到现实自我与相关的自我标准相匹配的状况。

每种类型的自我差异反映了一种特定类型的消极心理情境，而这种特定类型的消极心理情境又与特定的情绪问题相关联。具体地说，现实自我与理想自我的差异表示没有达到自己的理想状态，反映了“积极的结果没有出现”的消极心理情境，这种心理情境会导致沮丧类情绪，如抑郁、失望、挫折感、羞耻等。现实自我与应该自我的差异表示没有尽到自己的责任或者义务，这将预示着“消极结果的出现”，这种心理情境会导致焦虑类情绪。

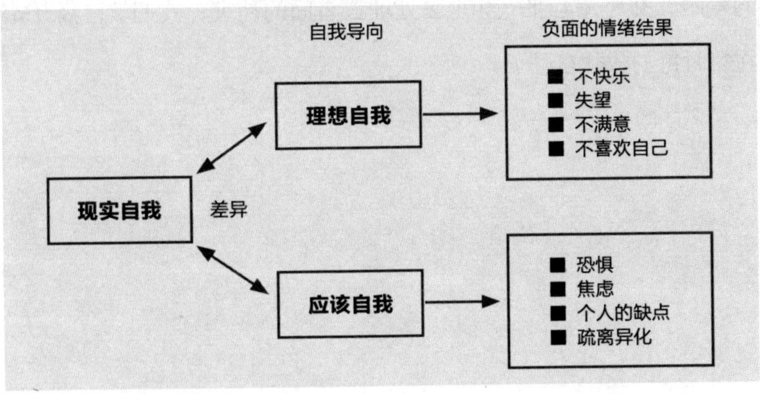

在《追风筝的人》这本书中，困扰男主人公多年的烦恼，既来自现实自我和应该自我间的差距——不应该对朋友的遭遇置若罔闻，更不应该因为自己一时的怯懦无能，而加倍嫌弃不幸的朋友；也有源自个人英雄主义情结的现实自我和理想自我间的差距。

作者通过在“亲密无间—拒绝疏离”“无条件信任—无情背叛”“不堪回首—念念不忘”之间形成鲜明的对比和反差，将男主人公内心的纠结和痛苦清晰地呈现在读者面前。而通过男主人公最终成功地自我救赎，让每个读者仿佛也消除了一次自己内心曾经的悔恨与不堪。

虽然我们每个人和男主人公一样，都或多或少拥有一些不堪回首的往事，我们却往往难以（或有机会）成功地达成自我救赎。事实上，如果我们能够正视并接受现实自我和理想自我、应该自我间的差距，并愿意心平气和地去处理三者间的冲突，我们就已经开始在每时每刻救赎自己了。

参考资料

Alicke, M. D., & Sedikides, C. (Eds.). (2010). Handbook of self-enhancement and self-protection. Guilford Press.

American Psychiatric Association DSM-Task Force Arlington VA US. (2013). Diagnostic and statistical manual of mental disorders: dsm-5™ (5thed.). Codas, 25(2), 191.

April Bleske-Rechek et.al. (2014). Face and Body: Independent Predictors of Women's Attractiveness. Arch Sex Behav, 43:1355–1365.

Ashforth, B. E., Kreiner, G. E., & Fugate, M. (2000). All in a day's work: boundaries and micro role transitions. Academy of Management Review,25(3), 472-491.

Baumeister, R. F., Campbell, J. D., Krueger, J. I., & Vohs, K. D. (2003). Does high self-esteem cause better performance, interpersonal success, happiness, or healthier lifestyles? Psychological Science in the Public Interest, 4, 1–44.

Bem, S. L. (1981). Gender schema theory: A cognitive account of sex typing.

Psychological review, 88(4), 354.

Boroditsky, L., Fuhrman, O., & McCormick, K. (2010). Do English and Mandarin speakers think differently about time? Cognition, 118, 123-129.

Brinthaupt, T. M., Hein, M. B., & Kramer, T. E. (2009). The self-talk scale: development, factor analysis, and validation. Journal of Personality Assessment, 91(1), 82-92.

Brummelman, E., Thomaes, S., & Sedikides, C. (2016). Separating narcissism from self-esteem. Current Directions in Psychological Science, 25(1), 8-13.

Bye, H. H., Sandal, G. M., van de Vijver, F. J., Sam, D. L., Çakar, N. D., & Franke, G. H. (2011). Personal Values and Intended Self - Presentation during Job Interviews: A Cross - Cultural Comparison. Applied Psychology, 60(1), 160-182.

Chang, E. C., Asakawa, K., & Sanna, L. J. (2001). Cultural variations in optimistic and pessimistic bias: Do Easterners really expect the worst and Westerners really expect the best when predicting future life events?. Journal of Personality and Social Psychology, 81(3), 476-491.

Christopher Leone & Louanne B. Hawkins. (2006). Self-monitoring and close relationship. Journal of Personality,74(3), 739-778.

David De Cremer, Mark Snyder, & Siegfried Dewitte. (2001). 'The less I trust, the less I contribute (or not)?' The effects of trust, accountability and self-monitoring in social dilemmas. European Journal of Social Psychology,31, 93-107.

Deri, S., Davidai, S., & Gilovich, T. (2017). Home alone: why people believe others' social lives are richer than their own. Journal of Personality & Social Psychology, 113(6), 858.

Merdin-Uygur, E., Sarial-Abi, G., Gurhan-Canli, Z., & Hesapci, O.. (2018). How does self-concept clarity influence happiness in social settings? the role of strangers versus friends. Self and Identity, 1-24.

Frazier, L. D., Hooker, K., Johnson, P., & Kaus, C. (2000). Continuity and change in possible selves in later life: a 5-year longitudinal study. Basic and Applied Social Psychology, 22, 237–243.

Frederick, D. A., Hadji-Michael, M., Furnham, A., & Swami, V. (2010). The influence of leg-to-body ratio (LBR) on judgments of female physical attractiveness: Assessments of computer-generated images varying in LBR. Body Image, 7, 51–55.

Giles, J. W., & Heyman, G. D. (2005). Young children's beliefs about the relationship between gender and aggressive behavior. Child development, 76(1), 107-121.

Green, B. L., & Kenrick, D. T. (1994). The attractiveness of gender-typed traits at different relationship levels: Androgynous characteristics may be desirable after all. Personality and Social Psychology Bulletin, 20(3), 244-253.

Greenwald, A. G., & Banaji, M. R. (1995). Implicit social cognition: attitudes, self-esteem, and stereotypes. Psychological Review, 102(1), 4-27.

Holtgraves, T. (2015). I think i am doing great but i feel pretty bad about it: affective versus cognitive verbs and self-reports. Pers Soc Psychol Bull, 41(5), 677-686.

Johnson, H. D., McNair, R., Vojick, A., Congdon, D., Monacelli, J., & Lamont, J. (2006). Categorical and continuous measurement of sex-role orientation: differences in associations with young adults' reports of well-being. Social Behavior and Personality: an international journal, 34(1), 59-76.

Johnston, V.S. and Oliver-Rodriguez, J.C. (1997). Facial beauty and the late positive component of event-related potentials J. Sex Res. 34, 188–198

Kernis M. H. (2003). Toward a conceptualization of optimal self-esteem. Psychological Inquiry, 14(1): 1~26

Knox M, et al. (1998). Adolescents' Possible Selves and their Relationship to Global Self-esteem. Sex Roles, 39(1): 61-80.

Lefkowitz, E. S., & Zeldow, P. B. (2006). Masculinity and femininity predict optimal mental health: A belated test of the androgyny hypothesis. Journal of personality assessment, 87(1), 95-101.

Leondari, A. (2007). Future time perspective, possible selves, and academic achievement. New Directions for Adult and Continuing Education, (114), 17-26.

Linton, R. (1936). The study of man: an introduction. Oxford, England: Appleton-Century.

Manzur, L., & Jogaratnam, G. (2007). Impression management and the hospitality service encounter: Cross-Cultural differences. Journal of Travel & Tourism Marketing, 20(3-4), 21-32.

Mark Snyder & Steve Gangestad. (1982). Choosing social situation: Two investigations of self-monitoring process. Journal of personality and social psychology,43(1):123-135.

Markus H., & Nurius P. (1986). Possible Selves. American Psychologist, 41(9):954-969.

Martin, C. L., Ruble, D. N., & Szkrybalo, J. (2002). Cognitive theories of early gender development. Psychological bulletin, 128(6), 903-933.

Marusic, I., & Bratko, D. (1998). Relations of masculinity and femininity with personality dimensions of the five-factor model. Sex Roles, 38(1-2), 29-44.

Marzia D. Z., Alan J. P. (2017) Electrophysiological evidence of perceived sexual attractiveness for human female bodies varying in waist-to-hip ratio. Cognitive Affect Behavior Neuroscience17:577-591

Mayer, N. D., & Tormala, Z. L. (2010). "Think" versus "feel" framing effects in persuasion. Personality and Social Psychology Bulletin, 36, 443-445.

McAdams, D.P. (1995). What do we know when we know a person?. Journal of Personality. 63 (3): 365–395.

Mead, G.H. (1935). Mind, self, and society from the standpoint of asocial behaviorist. Philosophy, 10(40), 493-495.

Meichenbaum, D. H., & Goodman, J. (1971). Training impulsive children to talk to themselves: a means of developing self-control. Journal of Abnormal Psychology, 77(2), 115.

Millman, Z., & Latham, G. (2001). Increasing reemployment through training in verbal self-guidance. In M. Erez, U. Kleinbeck, & H. Thierry (Eds.), Work motivation in the context of a globalizing economy (pp. 87-97). Mahwah, NJ, US: Lawrence Erlbaum Associates Publishers.

Murray, S. L., Holmes, J. G., & Griffin, D.W. (1996). The self-fulfilling nature of positive illusions in romantic relationships: love is not blind, but prescient. Journal of Personality& Social Psychology, 71(6), 1155.

Murray, Sandra L, Holmes, John G, & Griffin,Dale W. (1996). The benefits of positive illusions: idealization and the construction of satisfaction in close relationships. Journal of Personality and Social Psychology, 70(1), 79-98.

Nakamura, K. et al. (1998) Neuroanatomical correlates of the assessment of facial attractiveness Neuro Report 9,753–757

Oliver-Rodriguez, J.C., Guan, Z. and Johnston, V. S. (1999) Gender differences in late positive components evoked by human faces Psychophysiology36, 176–185

Oyserman D, & James L. (2009). Possible Selves: From Content to Process. In Markman K D. Klein W M P, Suhr J A. (Eds). Handbook of Imagination and Mental Simulation, Psychology Press Taylor & Francis Group: New York. 2009:373-394.

Perrett, D. I., Lee, K. J., Penton-Voak, I. S., Rowland, D. R., & Akamatsu, S. (1998). Effects of sexual dimorphism on facial attractiveness. Nature, 394(6696), 884-887.

Perett, D.I., May, K.A. and Yoshikawa, S. (1994) Facial shape and judgements of female attractiveness. Nature, 368, 239–242

Rau, P.L. P., Gong, Y., & Zhuang, C. P. (2016). Pretty Face Matters: Relative Importance of the Face and Body Attractiveness in China. Psychology, 7, 1034-1042.

Renn, J. A., & Calvert, S. L. (1993). The relation between gender schemas and adults' recall of stereotyped and counter stereotyped televised information. Sex Roles, 28(7-8), 449-459.

Satoru Kiire. (2016). Effect of Leg-to-Body Ratioon Body Shape Attractiveness. Arch Sex Behav, 45:901–910.

Sinclair, S., & Carlsson, R.. (2013). What will i be when i grow up? the impact of gender identity threat on adolescents" occupational preferences. Journal of Adolescence, 36(3), 465-474.

Stinson, D. A., Cameron, J. J., Wood, J., Gaucher, D., & Holmes, J. G. (2009). Deconstructing the "reign of error:" A risk-regulation account of the self-fulfilling prophecy of acceptance. Personality and Social Psychology Bulletin, 35, 1165–1178.

Swami, V., Einon, D., & Furnham, A. (2006). The leg-to-body ratio as a human aesthetic criterion. Body Image, 3, 317–323.

Unemori, P., Omoregie, H., & Markus, H. R. (2004). Self-portraits: possible selves in European- American, Chilean, Japanese and Japanese-American cultural contexts. Self and Identity, 3, 321–338.

Valdesolo, P., & Desteno, D. (2008). The duality of virtue: deconstructing the moral hypocrite. Journal of Experimental Social Psychology, 44(5), 1334-1338.

Von Hippel, W., Von Hippel, C., Conway, L., Preacher, K. J., Schooler, J. W., & Radvansky, G. A. (2005). Coping with stereotype threat: denial as an impression management strategy. Journal of personality and social psychology, 89(1), 22.

Whelan, J. P., Mahoney, M. J., & Meyers, A. W. (1991). Performance enhancement in sport: a cognitive behavioral domain. Behavior Therapy, 22(3), 307-327.

White M., Epston D., Wu R.X. (2013). 故事、知识、权力：叙事治疗的力量 (廖世德译). 上海：华东理工大学出版社 .

William H. Turnley, & Mark C. Bolino. (2001). Achieving Desired images while avoiding undesired images: Exploring the role of self-monitoring in impression management. Journal of Applied Psychology,86(2):351-360.

William Ickes, Renee Holloway, Linda L. Stinson, & Tiffany Graham Hoodenpyle. (2006). Self-monitoring in social interaction: The centrality of self-affect. Journal of Personality,74(3):659-684.

Zaidman, N., & Drory, A. (2001). Upward impression management in the work place cross-cultural analysis. International Journal of Intercultural Relations, 25(6), 671-690.

蔡华俭 , 黄玄凤 , & 宋海荣 . (2008). 性别角色和主观幸福感的关系模型 : 基于

中国大学生的检验 . 心理学报 , 40(4), 474−486.

村上春树 .(2013). 没有色彩的多崎作和他的巡礼之年 (施小炜译). 海南：南海出版公司 .

丹尼尔・凯斯 . (2015). 24 个比利 . 外语教学与研究出版社 .

方平 , 马焱 , 朱文龙 , 姜媛 . (2016). 自尊研究的现状与问题 . 心理科学进展 , 24(9), 1427-1434.

贵志介 .(2003). 第十三种人格的恐怖 . 北京：中国电影出版社 .

贾磊 , 祝书荣 , 张常洁 , 张庆林 . (2016). 外显与内隐刻板印象的分布式表征及其激活过程——基于认知神经科学视角的探索 . 心理科学进展 , 24(10), 1519-1533.

鞠红霞 . (2002). 关于自我监控性的研究综述 . 社会科学家 , 17(1):72-75.

李雪英 .(1999). PTSD 的认识理论及认知行为治疗 . 中国临床心理学杂志 , 1(2):125-128.

刘娟娟 . (2006). 印象管理及其相关研究述评 . 心理科学进展 , 14(2), 309-314.

刘莉 . (2012). 女性管理者的性别角色与人格特征关系研究 (博士学位论文 . 西南财经大学).

刘肖岑 , 桑标 , 窦东徽 . (2011). 人际 / 非人际情境下青少年外显与内隐的自我提升 . 心理学报 , 43(11), 1293-1307.

潘益中 , 许燕 . (2011). 脆弱高自尊在自我威胁后的归因与情绪转换 . 心理科学 (1), 166-171.

田录梅 , 张向葵 . (2006). 高自尊的异质性研究述评 . 心理科学进展 , 14(5), 704-709.

王仁华，王忠军 . (2017). 自我同情：聚焦自我的应对策略 . 心理研究 (6), 9-18.

王玮 .(2007). 积极错觉在恋爱关系中的形成机制及作用 . (博士学位论文 . 河北师范大学).

吴丽丽 . (2014). 脆弱型高自尊大学生对人际评价信息的注意偏向 . (博士学位论文 . 辽宁师范大学).

徐海玲 . (2007). 自我概念清晰性和个体心理调适的关系 . 心理科学 , 30(1), 96-99.

徐雪萍 . (2010). 自我对话量表的编制与实测 . (博士学位论文 . 西南大学).

杨福义，梁宁建 . (2007). 内隐自尊与外显自尊的关系：多重内隐测量的视角 . 心理科学 , 30(4), 785-790

杨琳，孙炳海 . (2014). 自我同情研究述评 . 心理技术与应用 , (4), 8-11.

杨荣华，陈中永 . (2008). 自我差异研究述评 . 心理科学 , 31(2), 411-414.

杨晓慧 . (2011). 脆弱型高自尊个体的认知加工及其情感反应特点 . (博士毕业论文，宁波大学).

于文华，喻平 . (2011). 个体自我监控能力、思维品质与数学学业成绩的关系研究 . 心理科学 , 34(1):141-144.

张丽华，曹杏田 . (2017). 脆弱型高自尊研究：源起、现状与展望 . 辽宁师范大学学报（社会科学版）, 40(6), 1-6.

张林，张向葵，谭群 . (2017). 不同类型高自尊个体在受威胁情境下对社交线索的认知特点 . 辽宁师范大学学报（社会科学版）, (6), 7-15.

邹萍 . (1999). 女大学生性别角色双性化及其影响因素的研究 . 大连大学学报 , 20(3), 67-71.